社会为什么对年轻人冷酷无情

[日]山田昌弘 著

李燕 译

上海教育出版社
SHANGHAI EDUCATIONAL PUBLISHING HOUSE

图书在版编目（CIP）数据

社会为什么对年轻人冷酷无情/(日)山田昌弘著；李燕译.—上海：上海教育出版社，2023.6
ISBN 978-7-5720-1984-5

Ⅰ.①社… Ⅱ.①山… ②李… Ⅲ.①青年－社会问题－研究－日本 Ⅳ.①D731.385

中国国家版本馆CIP数据核字(2023)第073901号

上海市版权局著作权合同登记号：图字09-2020-059号

NAZE NIHONWA WAKAMONONI REIKOKUNANOKA by Masahiro Yamada
Copyright©2013 Masahiro Yamada
All rights reserved.
Original Japanese edition published by TOYO KEIZAI INC.

Simplified Chinese translation copyright©2023 by Shanghai Educational Publishing House Co., Ltd.
This Simplified Chinese edition published by arrangement with TOYO KEIZAI INC, Tokyo, through Bardon-Chinese Media Agency, Taipei.

特约策划　直　子
责任编辑　林凡凡
装帧设计　董茹嘉

社会为什么对年轻人冷酷无情
Shehui Weishenme dui Nianqingren Lengku Wuqing
[日] 山田昌弘　著　李燕　译

出版发行		上海教育出版社有限公司
官　　网		www.seph.com.cn
地　　址		上海市闵行区号景路159弄C座
邮　　编		201101
印　　刷		上海昌鑫龙印务有限公司
开　　本		787×1092　1/32　印张 7.875
字　　数		131千字
版　　次		2023年6月第1版
印　　次		2023年6月第1次印刷
书　　号		ISBN 978-7-5720-1984-5/C·0011
定　　价		49.00元

如发现质量问题，读者可向本社调换　电话：021-64373213

目 录

序　章　对年轻人冷酷无情的社会,对孩子关怀备至的父母:
　　　　由普遍"啃老"引发的日本社会阶层分化 ……… *1*

第一章　年轻人面临的"下流社会"有多恐怖 ……… *19*
　　　　生活水平不如父母一代
　　　　——"下流社会"的到来 ……… *20*
　　　　求职活动以外别无选择的学生
　　　　——大学"高中化"问题日益显著 ……… *25*
　　　　"三振出局者"的茧居生活
　　　　——如何安置司法考试落榜者 ……… *29*
　　　　求职、相亲与新司法考试
　　　　——各种风险铸就年轻人的沉重枷锁 ……… *34*
　　　　学生们如何看待求职活动
　　　　——追求舒适工作环境的理由 ……… *38*
　　　　阻碍结婚的因素数不胜数
　　　　——结婚意愿高涨也无法阻挡不婚趋势 ……… *43*

为何年轻人找不到人恋爱
　　——有必要对男女交往不活跃现象提供协助 ……… 48
投机化的教育
　　——学历按性价比分级 ……… 53

第二章　家庭结构变迁，产生了新的弱势群体 ……… 71
解读家庭结构的变化
　　——从宠物家人化到单身寄生族 ……… 72
贩卖认同的市场
　　——情感体验产业的可能性 ……… 83
断绝亲人关系这一选择的普及
　　——近代家庭观念的崩塌 ……… 90
家庭的个人化
　　——放弃家庭的自由 ……… 94
家庭构成出现差距的时代
　　——单身寄生族的末路 ……… 98

第三章　扭曲的年金制度扩大了老龄社会的差距 ……… 111
落后的年金制度
　　——年金积分制的导入 ……… 112
境遇两极分化的子女扩大了其父母退休后生活的差距
　　——高龄弱势群体该何去何从 ……… 128

第四章　**日本经济无法逆转的停滞、衰退** ……… **145**
不再踏出国门的年轻男性
——草食化的年轻人能担负起日本的未来吗？……… **146**
去了海外才发觉日本的停滞
——存在感变弱成为反面教材的日本 ……… **151**
不用钱的日本男性
——零用钱制是导致消费停滞的一个原因吗？……… **155**
结婚难的日本男性
——从国际婚姻趋势窥见其经济地位低下 ……… **160**
日本经济停滞的真正原因
——女性不活跃的国家通常财政赤字更严重 ……… **165**
成熟社会的最终走向
——向往"虚构"而故步自封的日本 ……… **171**
后福特主义时代的工作方式和家庭形态
——为何穷忙族大量出现 ……… **176**

第五章　**为了日本的复兴：从家庭社会学的角度提议** ……… **193**
国会应充分发挥职能作用
——重申育儿补贴的必要性 ……… **194**
对老年人温柔，对在职一代冷漠的日本政治
——育儿一代更受冷遇，少子化陷入恶性循环 ……… **199**

遏制少子化的有效对策
　　——取消冠夫姓制度（推动夫妇别姓）……… **204**
女性工作，经济就会好转
　　——双职工夫妻有助于扩大内需 ……… **209**
新加坡飞速发展的原因
　　——通过与优秀的外国人竞争以增强国力 ……… **214**
日本是流行文化的国度？
　　——日本动漫、偶像的影响力 ……… **218**
对始终"迎合数字"的政治有异议
　　——牺牲年轻人再建财政有何意义？ ……… **223**
经济学和家庭社会学的跨学科研究 ……… **228**

终　章　在"意外"频发的时代，国家必须做什么 ……… **235**

参考文献 ……… **240**

后　记 ……… **244**

序　章

对年轻人冷酷无情的社会，
对孩子关怀备至的父母

由普遍"啃老"引发的日本社会阶层分化

对年轻人冷酷无情的社会

"对年轻人冷酷无情的社会"从某种程度上来说是一个十分具有煽动性的标题,因为它会使人产生日本社会重视老年人而轻视年轻人,从而挑起世代对立的印象。概观日本的社会制度、政策、行业惯例等,处处都对年轻人相对严苛而对老年人相对宽松。

然而我想强调的是,与"对年轻人冷酷无情的社会"相对的是"对孩子关怀备至的父母"这一社会现实。无论是政府,还是一般人,都具有两面性——对(自己孩子以外的)孩子或年轻人严厉,而对于自己的子女,不只在孩提时代,即便孩子已经成年,父母依然呵护备至。

如今,年轻人的经济实力不断被削弱。更准确地说,他们中间出现了贫富分化,经济上处于劣势的年轻人越来越多。对于这一群体,日本政府和社会的态度非常冷漠。与此相对,父母则对他们非常关切,或不如说,正因为社会对他们太冷漠,父母才不得不表现得体贴一些。

社会和家庭之间的鸿沟凸显了日本社会的特征。长此以往,还会导致年轻人中的阶层固化,引起各种社会问题。甚至可以预见,日本将演变为阶级社会。

年轻人曾为强势群体的时代

"社会冷酷无情,父母关怀备至"这一现象之所以成为社会问题,诚如放送大学教授宫本道子女士所指出,是因为年轻人开始变成经济上的弱势群体(宫本道子,《年轻人沦为"社会弱势群体"》,洋泉社)。关于这一点,让我们回顾一下战后日本年轻人的生存状态。

战后,从日本经济高速发展期到1990年前后,年轻人(指生于"二战"时期至20世纪60年代的人)尚被视为强势群体。特别是在经济高速发展期,相对于父母长期务农或从事小规模个体经营等生产效率较低的工作,刚从学校毕业的应届生大多能轻易进入生产效率较高的工业、服务业等企业,成为正式职员,他们的收入普遍比父母高。

毕业后去大城市或者建有工厂的城镇就业的年轻人被称作"金蛋"[1],颇受企业重视。为减轻员工的经济负担,企业通常配备宿舍或员工住宅。因此,一般在大城市工作的子女都会给老家的父母寄生活费。男性毕业后成为正式职员,享受日本

---

[1] 金蛋(金のたまご),意指很难得的、有潜力的年轻人才。1960年,该词因中学毕业生统一录用制度而流行起来。——译者注

企业终身雇佣[1]的福利,按照论资排辈[2]的惯例,升迁指日可待,可以不依靠父母就早早地娶妻生子。同时,大多数女性也可以和被聘为正式职员的男性结婚,专心操持家务,相夫教子。

于是,社会福利政策就围绕如何保障老年人的生活,特别是如何让老年人不依赖子女而安度晚年等问题加以设计。具体表现在扶持收入不稳定的小本经营个体户,建立完善的年金制度、护理保险制度等。另一方面,与之相对的、被视为强势群体的年轻人就被忽视了。或者说,年轻人即便被排除在社会保障体系之外也无碍。年轻男性能轻易地被雇为正式职员,年轻女性则能找到经济实力较强的男性结婚,因此无论父母、政府还是社会都无须支援他们。

虽然当时也有毕业后找不到固定工作的年轻人和不结婚的女性,但社会普遍认为是由于其自身存在一些"特殊理由"。这些理由大致分为两类:能找到安稳的工作却并未从事固定工作,能稳步踏入婚姻生活却坚持独身主义的;出于患病等"情非得已"的原因而无法就业或结婚的。

1　一旦被雇用,劳动关系就持续到退休的雇佣形式,和年功序列制等一同被视作日本雇佣关系的特色。——译者注
2　指日本的年功序列制。根据工作年限、年龄决定在职场的地位和薪资上涨的制度。——译者注

社会将前者视作其个人的任性妄为而置之不理,这一群体即便被排除在社会保障体系之外也无后顾之忧,反之这也正是他们可以任性地不找固定工作、不结婚的理由;后者则普遍得到同情,政府会以低保等福利政策给予帮助。

问题在于,还存在一群既不是"任性妄为",也没有"情非得已"的年轻人。他们找不到固定工作,也找不到拥有固定工作的结婚对象。这一群体大量涌现,社会问题也随之而来。

年轻人的阶层分化

随着在日本经济高速增长期[1]工作、结婚的年轻人步入中年,成为新一代年轻人的父母时,父母和子女两代人之间的经济实力正在悄然发生着逆转。

得益于日本职场惯行的年功序列制,已经在企业工作多年的中老年男性薪资不断增加,并以购置房产等形式顺利完成了固定资产的积累。年金制度亦相对完备,退休后也能享受富足生活的高龄人群正在不断增加。例如,社会金融资产的六成为60岁以上的老年人所持有。

时代在变化,不仅雇佣环境对中老年人有利,力图使身在

---

1 即 1955—1972 年。——编者注

职场或已经退休的人能够安心过上富足生活的各项社会制度也已经非常完备。

与此同时,年轻人的经济状况却相对恶化。特别是第二次婴儿潮一代(指 1971—1974 年出生的人)在大学毕业时,适逢泡沫经济崩盘,毕业生就业难已成事实。随后,1997 年亚洲金融危机使日本的雇佣制度出现了松动。在此浪潮中,应届生无法以正式职员身份就职,或入职后随即离职的年轻人越来越多,他们被迫以兼职或劳务派遣等非正式雇佣形式参与工作。现在,在 24 岁以下的职场年轻人中,男性非正式雇佣率为 42%,女性为 52%。

这一统计数据代表两个事实。其一,年轻人中已经出现阶层分化。如今,作为正式职员(包括正式公务员)拥有稳定收入的年轻人依然存在——同样,也存在如愿找到正式职员丈夫、过着安定生活的年轻女性。其二,无法找到固定工作的年轻男性和希望嫁给有稳定工作的男性却梦想落空的年轻女性,其人数正在悄然增长。

沦为弱势群体的年轻人何去何从——欧美的情况

最终,想自立但仅靠自己的微薄收入无法正常生活的年轻人,在 20 世纪 90 年代后期大量出现。

实际上，类似的状况自石油危机后的20世纪70年代后期就开始出现在欧美多国。在欧美，虽然没有应届生统一录用[1]的惯例，但经济增速趋缓时，企业也会削减新员工的招聘需求。学艺不精的年轻人失业率不断攀高。随着陷入贫困泥沼的年轻人的数量增加，各国开始频繁出现年轻人的示威游行和暴动，社会治安严重恶化。因此，西北欧诸国（英、德、法、荷兰及北欧几国等）试图朝着两个方向解决问题。

1. 建立支援年轻人自立的社会福利制度。改革以正式职员为中心的社会保障制度，新增面向年轻人的社会保障支出。通过大学扩招、开展职业培训等措施帮助年轻人提升技能，为他们提供受教育机会，同时减少他们在学习费用方面的顾虑。通过提供育儿补贴，构建低收入夫妻也能边工作边育儿的社会保障体系。

2. 促进女性就业，提供保障双职工家庭过上正常生活的社会环境。如果一人的收入无法负担家庭日常开支，那么两人一起工作，收入就能保证正常开销。通过建立保育机构、导入灵活的短时兼职制度等各种形式，促进"双职工化"，帮助年轻人

---

[1] 日本独有的雇佣方式。企业每年以应届毕业生为对象统一招聘，应届毕业生在校期间通过招聘考试被内定，毕业后立即上岗。——译者注

保持组建家庭的热情，以防少子化加剧。

当然，各国所做的努力并非都取得了预期的成效，但政府、社会对沦落为弱势群体的年轻人给予支持的决心是显而易见的。

沦为弱势群体的年轻人不得不"啃老"的现实

那么，日本的情况如何呢？在日本，社会对于沦落为弱势群体的年轻人十分冷漠。无论是意识上还是制度上，日本还沉浸在年轻人仍为强势群体的时代而不自知。

本书中也在反复强调，不论是就业还是社会保障制度，日本社会都倾向于优待中老年人，对年轻人冷酷无情。近年来更是如此，在制度层面，强行将企业员工退休年龄延长至65岁，而关于年轻人就业却并无对企业施压的迹象。对于拥有高收入、高资产的老年群体，政府仍为他们持续投入税金作年金之用，而针对育儿补贴、高中教育无偿化等福利政策，却附加了收入限制。也就是说，日本社会热衷于保障中老年人生活无虞，而对于数量持续增长的非正式雇佣的年轻人，却口惠而实不至地提倡增加正式雇佣率，最终并未拿出任何有效对策。

现实中，仅凭自己的收入无法自立的年轻人，最终不得不开始"啃老"。没有正式工作的年轻人，大多和父母一同居住。

就像我所命名的"单身寄生族"那样,这些年轻人和父母同住,基本生活依靠父母保障。

不过,至我写作《单身寄生时代》(筑摩书房,1999)时所见,即便作为正式职员赚取足以经济独立(或足以经营婚姻生活)的薪水,却为了享受更宽裕的生活刻意和父母一起生活的单身者如今已经急剧减少。相反,不和父母同住就无法保障基本生活的则大有人在。根据我的调查,寄宿在父母家的单身者,收入明显低于已婚男性或独居的年轻男女。

在此,希望各位不要产生误解,父母对孩子关心爱护并非日本社会固有的文化习俗,而是发源于社会对孩子或年轻人冷酷的现实。

古往今来,父母都希望子女生活幸福美满,能够过得比自己好。不论是欧美、亚洲其他国家,还是从前的日本,都是如此。只不过这一现象在当下的日本社会变得极端。根源在于沦落为弱势群体的年轻人不断增加,而日本社会却对他们过于冷酷无情,父母才不得不保护自己已成年的孩子。

父母负担子女的教育费和生活费是理所当然的吗?

在日本,依靠父母是理所当然的这一认知,通常体现在父母负担子女的教育费用天经地义这一点。

例如,高中毕业后接受高等教育的学费。在日本,以大学学费为首,高等教育相关费用都十分高昂,而其中的大部分都是由学生父母承担的。政府给予大学的财政拨款、奖学金制度固然存在,但平均到每个学生的支出额度所占 GDP 的比值,在发达国家——经济合作与发展组织(OECD)的 34 个成员国[1]中忝陪末座。不上大学,专科学校的学费也基本由学生父母负担。事实上,高中毕业后的教育费用绝大部分是由父母承担的。

家里有大学生的家庭,教育支出在家庭总收入中所占的比例大约是四成。近年来,中老年男性的收入逐年减少,但学费却难有下降空间,于是这样的畸形占比正在逐年攀升。并且,母亲兼职补贴家用的收入,绝大部分也用于支付子女的教育费用。若父母"无力负担"或"不愿负担"教育经费,子女将无法获得就业必需的技能培训,求职时将处于不利地位。

在拥有教育福利传统的欧洲各国,实行的是高等教育无偿化或仅收取低廉学费的政策。美国也有一套十分完备的奖学金和助学贷款制度。在这些国家,父母至少无须担忧自己子女的高等教育费用。高中毕业后的年轻一代应该由社会整体帮

---

[1] 原文如此。如今该组织有 38 个成员国。——译者注

扶照顾,学费也是社会必须负担的项目——这样的意识已经深入人心。

将依靠父母视作理所应当的社会意识

高中毕业后父母也应在各方面照顾子女,社会对年轻人冷酷一点也无所谓——这在现代日本社会似乎是一种共识。反过来思考,这与贫困家庭的孩子高中毕业后理应更少获得继续教育(注意此处包括学习技术的专科学校等)的机会这一观念有着千丝万缕的联系。2012年由倍乐生[1]和朝日新闻联合开展的,关于人们对"高收入家庭的孩子通常能接受更好的教育"一事看法的调查结果显示,回答"无可奈何"的人数高于回答"存在问题"的人数,回答"理所应当"的人数也有所增加。也就是说,因父母经济状况不同而在子女身上产生教育或贫富差距这一事实被社会认可,即越来越多的人认为父母一代的经济实力差距必然体现在子女一代身上。(图序-1)

此外,2013年的税制改革中规定,祖父母负担孙辈教育费的情况下,1 500万日元以内可免除赠与税。我就这个问题开

---

[1] 倍乐生集团(Benesse)是日本著名的教育出版集团和外语教学机构,拥有近六十年的发展历史。——译者注

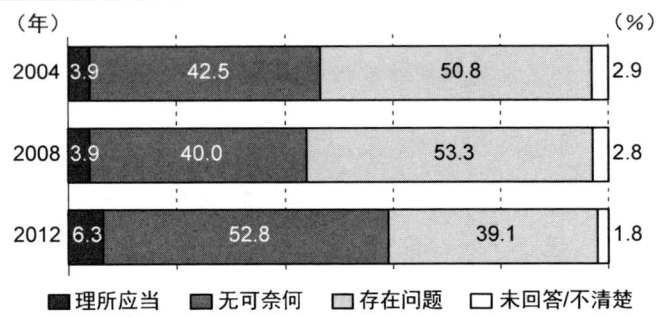

图序-1 对于因收入导致的教育程度差异的看法

出处：朝日新闻。

展过一次座谈。其间,我提到如今除了学费高昂,就业情况也不容乐观,并论证对于父母无法负担学费的孩子,社会有必要给予援助。于是,赞成免除赠与税的一方虽然认同这一观点,却抛出质疑年轻人过于依赖社会资源的意见。换句话说,孩子依靠父母、祖父母等家人无可厚非,如果依靠政府就是坐享其成,于理不合(东京新闻)。

在对年轻人冷漠严苛的社会现实下,这是一种只关注必须为自己的孩子做什么,而对他人子女漠不关心的心态。长此以往,由父母经济实力差距造成的社会差距将越来越大。

匪夷所思的现实——遭到冷遇的年轻人满意度最高

但是,遭到社会冷酷对待的年轻人,生活满意度却很高。由日本内阁府开展的舆论调查显示,正如我在《单身寄生时代》一书中提及,自1990年前后至今,收入最低、就业最不稳定的二十多岁的年轻人,生活满意度反而比其他年龄层的人都高(表序-1)。和父母同住,可以暂且过上一般水准的生活,故而也无可抱怨,或许就是原因所在。另一方面,事业稳定、收入也是所有年龄层中最高的五十多岁男性,生活满意度却是最低的。对于他们来说,收入没有增加,还要负担子女的教育费用,零用钱也缩水了。社会朝年轻人投掷的雪球,滚来滚去,最终砸在了中年父母的身上。具体表现在"年轻人的父母"负担加重,生活满意度持续走低。

表序-1 各年龄层对目前生活感到满意的比例

	20—29岁	30—39岁	40—49岁	50—59岁	60—69岁	70岁以上
女性	75.2	70.5	60.4	58.9	67.2	69.5
男性	65.9	59.2	55.5	51.1	64.7	70.7

出处:日本内阁府《国民生活相关舆论调查》,2012年10月。

社会学者古市宪寿也一直在强调这个问题(《绝望国度中幸福的年轻一代》,讲谈社,2011)。如今二十多岁的年轻人,是对未来最不抱希望、最不安的一代(图序-2)。

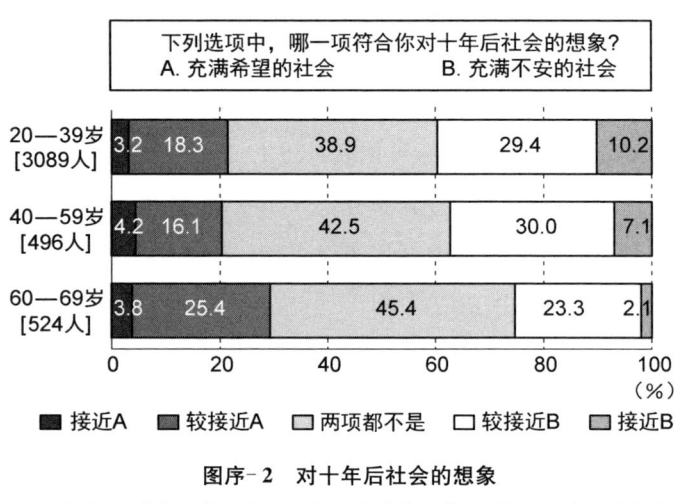

图序-2 对十年后社会的想象

出处:《平成二十四年国土交通白皮书》,第9页(国土交通省"国民意识调查")。

年轻人遭受冷遇不得不依靠父母的社会之终局

那么,当沦为弱势群体的年轻人持续增加,社会对年轻人冷酷无情,父母对孩子关怀备至的状况持续下去,日本社会最终将如何发展？我认为至少会引发以下三个问题（准确地说，这些问题现在已经逐步形成）："啃老"一代在变老；无法依靠父母的年轻人滑向社会底层；社会贫富分化。

原因在于，以诸多形式将照顾沦为弱势群体的年轻人的负担强加给父母一代，此事已接近极限。

● "啃老"一代在变老

如今，单身寄生族已步入中年，早已称不上"年轻"，但他们仍然与父母同住，且人数仍在持续增加（图序-3）。2010年，与父母同住的35—39岁单身者人数激增到193万人，占该年龄段总人口的20%。这一人群的失业率和非正式雇佣率都非常高。目前尚可依靠父母的住宅和年金度日，父母亡故后不知生活何以为继的人也在持续增加。这一现象将来无疑会成为一个巨大的社会问题，这一点本书也会论及。（参照第107页图2-5、图2-6）

● 无法依靠父母的年轻人滑向社会底层

与年轻人的经济状况相比，他们的父母辈得益于时代红利，总体而言的确在经济上宽松不少，然而由父母这一辈造就的阶层差异也是显而易见的。父母早亡，或者是父母遭遇裁

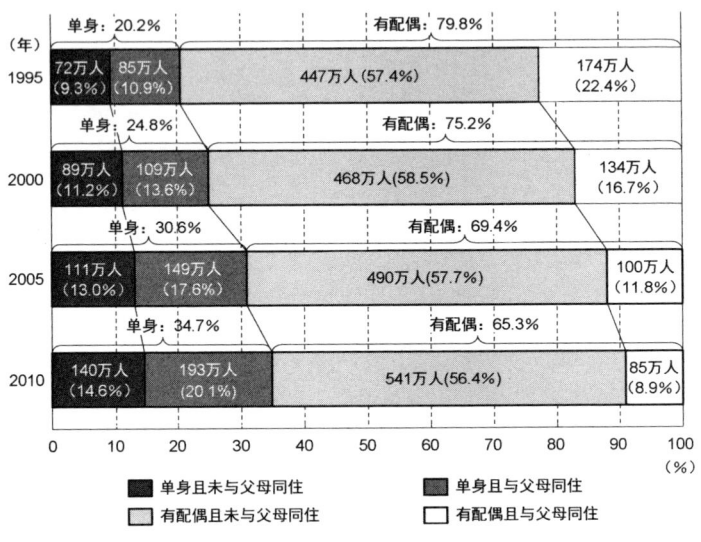

图序-3　35—39岁人群婚姻与居住状况

注：1. "单身"包括"未婚""丧偶""离婚"几种情况。
　　2. 以上数据是排除配偶关系不详、无法判断是否与父母同住的人之后的比例。
出处：《平成二十四年国土交通白皮书》，第33页（国土交通省根据总务省国势调查编制）。

员、离异等各种各样的缘由，造成无法依靠父母的孩子也在增加。年轻人曾是强势群体的时代大约到1990年前后为止，此前，毕业后无论男女都可以找到一份足以保障自己生活的固定工作。然而现如今，毕业后无法找到固定工作的年轻人越来越多,若不依靠父母,就只能依靠一份不稳定的工作维持生计。对于依靠打零工等非正式雇佣方式生存的年轻人来说,毫无社会保障可言。因此,若是遭遇罹患疾病、长期失业等变故,这些年轻人就只能沦落为流浪汉、网吧难民,最终被逼到不申请低保就无法生存的地步。也就是说,日本社会也开始出现欧美常见的处于贫困线以下的年轻人,且人数呈持续增长趋势。

在日本,陷入如此境遇的年轻人尚未大量出现,是因为他们还有父母在照顾他们的生活。失去扶持能力的父母一旦增加,处于贫困线以下的年轻人必然也会随之增加。

● 社会贫富分化

这样的状况必然造成日本社会的贫富分化。三十年以前日本还被称为"中产阶级社会"(中流社会),主要是因为当时大部分年轻人都可以稳定就业,女性也可以与有稳定工作的男性结婚。但是,随着非正式雇佣化的推进,无法拥有稳定工作、无法自立生活的年轻人(无法嫁给有稳定工作的男性且自身从事不稳定工作的女性)正在持续增加。一言以蔽之,日本年轻人之间的差距正在扩大,并且差距会随着年龄增长而不断加剧。长此以往,二三十年后,日本社会就会趋于两个极端:一边是从事固定工作、拥有美满婚姻的人,另一边是薪水不足以自立、不能体面度日的人。

　　为了避免日本社会的分裂,必须构建关怀年轻人的社会福利制度。日本社会应该保障年轻人即使不依靠父母,即使沦为低收入群体,也可以过上普通水准的生活,可以独立抚养子女。本书处处都为此提供了很多有益的提示。然而现状是,无论政府还是社会都未朝此方向有所作为。

第一章

年轻人面临的"下流社会"有多恐怖

生活水平不如父母一代
——"下流社会"的到来

比阶层固化更恶劣的事正在发酵

1993年,时任美国总统克林顿在就职后不久发表的演说中说道,"现在的孩子成年时,将是历史上第一个生活水平低于自己父辈的世代",借以激发人们的危机感,进而说明自己的经济发展长期战略。

但是,二十年过去了,纵观美国经济,总体呈稳健发展态势。此时,GDP停止增长、一代过得不如一代的反倒是日本,且这一趋势日益显著。在人均GDP停滞的情况下,日本社会还面临着少子老龄化问题,居民收入以年金的形式加速从在职人员转移到退休的老年人手中。其结果就是,这二十年间整体看来并无明显变化,但聚焦于年轻人就会发现,他们的收入明显呈下降趋势。

经我们调查计算,表1-1所显示的是有学龄前儿童的家庭(包括三代同堂和单亲家庭)年收入的变化情况。就按消费者物价调整后的收入而言,这些家庭的年收入在1994年达到峰值,随后逐年降低,2004年时已经跌至1989年的水平。其中尤以单亲妈妈家庭年收入的下降最为显著,甚至与1984年的收入水平相当。最终承受经济停滞恶果的是如今35岁以下的年轻人,其结果是引发了日本社会的少子化问题,加剧了家有儿女的一代年轻人对生活的不安。

表1-1 学龄前儿童家庭年收入变化(中位数)

单位:万日元

	1984	1989	1994	1999	2004
名目所得	439	505	600	597	555
实际所得 (按消费者物价调整后)	509	556	595	579	553

注:"按消费者物价调整后"指根据2005年的物价水平为基准加以调整。
出处:总务省统计研究所《研究报告第20号》(山田昌弘、金原茜《学龄前儿童家庭的收支情况:基于全国消费状况调查的个案分析》)。

并且可以肯定的是,克林顿此前所担忧的代际向下流动现象将成为现实。所谓代际向下流动,指的是子女到了和父母辈同样的年龄时,其社会经济地位较之父母辈明显下降。判断标准各式各样,在此我们仅着眼于收入层面来分析。

在经济高速增长期,代际间的社会经济地位变动主要是向上流动。孩子到了父母的年纪,可以享受比父母优越的生活水平曾被视作理所应当。在经济整体增长的情况下,子女比父母学历更高,大部分男孩可以获得比父亲更好的职位,大多数女孩可以和比自己父亲更优秀的男性结婚。

然而,进入90年代,正如社会学学者、东京大学教授佐藤俊树在《不平等的日本社会》(中央公论社,2000)中指出,日本社会出现阶层固化,即父亲所从事的职业与儿子的工作相关性增强,如果父亲没有一份较好的工作,那么儿子也很难找到工作。大阪大学吉川彻教授指出,阶层固化导致学历的代际上升被中止,学历固化导致阶层固化。(《学历隔断社会》,筑摩书房,2009)。如果父辈间存在社会经济地位上的差距,就会通过学历传递给子女,这种倾向越来越明显。这被称为阶层固化或阶层再生产。

然而,目前有比阶层固化更恶劣的事在发酵。"固化"一词给人的印象是子女一代与父辈生活水平大致相同,但如今,子女连维持和父母相同的生活水平都无法实现,"下流社会"的征兆出现了。

问题在于缺乏危机感

参加我在大学开设的研讨课程的研究生成田太昭将其毕

业论文题目选定为"社会阶层的再生产",以目前已经工作的中学同学为研究对象,进行采访调研。调查结果引人深思。父母是高中学历的孩子,大多也是高中毕业就进入社会工作。仅从这一点来看,似乎就是一个"阶层再生产"的鲜活例证。但时代不同,学历的意义也不同。他们父母毕业时是20世纪70年代,当时只要愿意,任谁都可以成为正式职员,男性可以依靠企业的终身雇佣制和年功序列制保证年收入的稳定增长,购置房产,养育后代。

然而,始于90年代后半期的非正式雇佣化,对高中毕业生产生了巨大影响。自动化、IT化使得制造、行政、销售等岗位不再需要熟练工人。企业大量需要的是机械、电脑前的简单劳动力,他们只须按工作手册按部就班,重复简单劳动即可,企业无须培养高中毕业生成为业务熟练的专职人才。企业开始用非正式雇员取代他们,在中小企业工作的正式职员,也属加薪无望者居多。对于高中毕业生来说,寻找稳定工作机会的路径越来越窄。同时由于"规制缓和"[1]的影响,个体经营者的生意每况愈下,越来越多的人只能勉强维持生计。

---

[1] 规制缓和(deregulation),政府放宽对企业实行的种种限制措施,增强企业的开放度,给民间经济主体以更多的自由选择权。——译者注

根据成田太昭的调查,虽然有人高中毕业后成为正式职员,拥有稳定的工作,但也有不少找不到正式工作,或就业后因劳动条件恶劣而频繁更换工作,成为非正式职员的人。问题在于他们大多安于现状,毫无抱负和危机感。总的来说,他们大多与父母关系不错,并且非常认同上一辈的生活模式。因此,他们相信自己只要像父母一样高中毕业,就能成为正式职员,拥有一份稳定的工作,或继承父母的事业,维持和父母相同的生活水平(女性则相信自己可以和拥有稳定工作的男性结婚)。或者说,他们感受不到进入职业学校或大学习得一技之长的必要性。

但是,如前所述,如今面向高中毕业生的稳定职位锐减,现实中他们大多从事的都是不稳定的工作,且今后能够从事稳定工作的可能性极低。即便继承家族企业,从事小规模经营,未来也不容乐观。

尽管他们觉得只要维持父母辈的生活水平就可以,但现实是和父母一样高中毕业的这一代年轻人很难找到可以维持这种生活的稳定工作。也就是说,生活水平断崖式下降正在日本悄然发生。现今由于和父母一同生活,还没出现太大的问题,但是,今后他们必然会被迫自立,等意识到自己只能过比父母辈更加贫困的生活时,他们将会如何看待这个问题,采取怎样的行动呢?

求职活动以外别无选择的学生
——大学"高中化"问题日益显著

大学中的"三方会谈"

数年前,我去太宰府天满宫参拜时,看到竟有"祈求就业"的护身符,有些吃惊,不禁感叹就业难,已经难到需要仰仗神灵的地步了。

眼见着就业形势严峻,大学生们都开始提前找工作。一进入三年级,他们就开始研究意向企业的用人方针,寒假里忙于参访企业,大学研讨课上总有因为求职活动请假的学生,很少有全部出勤的情况。计划报考公务员的学生,也越来越多地从二年级开始就自费参加信息技术培训或补习课程。

看到这样的状况,有人认为大学似乎成了就业预备学校,然而在我看来并非如此。真正发挥就业预备学校职能的,是那些求职网站、公务员考试培训班,还有最近才出现的就业指导、协助填写履历表的培训机构。

甚至随之出现了"父母代求职"的现象。从前也有靠父母的关系找到工作的,但这里所说的是父母大清早跑去招聘会现场帮孩子排队的情况。有很多大学也开设了面向学生父母的就业研讨课程。因为听说我的学生中也有父母参加,我就问了一下情况,据说这样的研讨课程旨在说明目前的求职流程和就业形势的严峻性。有个女学生甚至被母亲规劝道:"找工作这么难,不如赶紧找个人嫁了。"对此,我在《"婚活"时代》(与白河桃子合著,"发现"随身书系列,2008)中曾提到,现在已经是一个要和收入稳定的男性结婚,需要像找工作一般"积极努力"的时代了。至于"找个好老公"和"找份好工作"究竟哪个更难,大概就因人而异了。

概观上述现象,只能说现在大学"高中化"现象正在悄然进行。坦率地说,现在很多大学教授不过是被安排教授一些非应试科目课程的高中老师。学生为了能够顺利拿到毕业证,学习也仅以能通过考试为目标,感兴趣的科目可以深入学习,不感兴趣的就敷衍了事。

为了与培训机构抗衡,以私立高中为主的学校会特别向学生提供考试指导,或招揽培训机构讲师,开设专门的讲座。大学大多也为学生开设了就业指导课程,邀请企业或专业人员,全力支持学生的就业。

正如具有完备升学资源的高中会把考进名校的学生人数

作为金字招牌,大学也将全力支援学生就业的相关内容写进宣传资料里。按照这样的趋势发展下去,今后大学老师很有可能会和学生、学生家长坐在一起"三方会谈",商讨学生应该申请哪家公司的招聘考试。

打破"应届生统一录用"的雇佣惯例

20世纪70年代,大学升学率提升,高等教育因此普及。大学休闲地(leisure land)的说法也逐渐出现,即指大学生轻学习、重娱乐的现象。比起学习,越来越多的学生更专注投身于自己的兴趣爱好,享受休闲娱乐活动。甚至出现了"合法延缓期"(moratorium)这样的词语,认为大学时代是不必急于决定今后出路的一段时期,学生们在此时尝试各种各样的活动。就像"五月病",一些学生不知道自己该干什么。回顾当时,大概是因为只要大学毕业就可以到大公司工作,他们可以毫无顾虑地去尝试包括休闲娱乐在内的各种活动,这是一种由选择过多而出现的幸福烦恼。

现在的大学生进入大学后,除了参与求职活动之外没有别的选择。很多学生甚至将兼职和参加社团活动作为大学期间的休闲时光。确实也有学生热衷于研究,也有的乐于参加志愿者活动,然而这些对于他们来说是可有可无的"次要活动"。总之,如果不参加求职活动,临近毕业时找到工作的可能性就比较低。即使有心参与社团活动,修习考试以外的科目,他们也没有这样的余力,就像当年一心扑在高考上的高中生一样。最近有学生询问参加什么社团有利于今后就业,也有学生在选择兼职时就考虑到工作经验在求职面试中是否加分。

二十年前,大学给人的感觉还是和高中完全不同的世界。大学里充满丰富多彩的活动可供选择,大学生也有从中选择的自由,大多数人因而感到前途光明。我试着问过我带的一年级学生进入大学后感觉如何,很多人都回答和高中一样,或以为会比高中有意思但并非如此。也就是说,如今大学成了就业预备期,无法完全不考虑未来的出路,大学时光不再是自由挑战与追求理想的阶段。

在这种状况下,我不禁思考大学或者大学教师能做些什么。在供需关系的杠杆下,若使得大学"高中化",且兼具培训机构的职能,开设有利于就业和考取各类资格证书的讲座,学生会在就业市场更具优势吧。但是,如此一来,大学还能培养出年轻人本应具备的创新精神和包容品质吗?

总之,如果不打破头份工作定终生的体制和应届生统一录用的惯例,就无法阻止大学"高中化"的趋势。

"三振出局者"的蛰居生活
——如何安置司法考试落榜者

新司法考试合格率终未提高

提到只有合格、不合格两种结果的考试,相信很多人都有一些不愉快的回忆。事实是,世间确有各种类型的考试。从教育社会学角度来看,考试主要分为两类:

一类是一般考试,也称为"测验"(examination),只要达到划定的及格线即为合格,是测定掌握程度的考试。像学校的期末考试,英语、簿记等职业资格考试,驾驶证考试等,都属于这一类。

另外一类是选拔性考试,也称为"竞考"(concours)或"比赛",合格人数是有限的,无论成绩多好,如果无法跻身规定的人数范围之内,就是不合格。比较具有代表性的如升学考试和招聘考试。

虽然两种都是考试,但对于应试者的意义却完全不同。如果是一般考试,只要足够努力,有可能所有人全都合格。但是,选拔类的考试,应试者如果超出了一定数量,就会出现不管多努力都会被淘汰的情况。如果将两类考试混为一谈,那么围绕考试的议题就会引起各种争议。

争议如实体现在新司法考试上。由于未明确定义它是一般考试还是选拔性考试,暧昧不明的事实放任主事者或关系人按个人需求擅加诠释,使得立志通过司法考试的人与相关人员产生困惑。

国家执业医师资格考试是界定从业者是否具有行医资质的一门考试。具备报考资格的医学院毕业生有可能全部通过考试,未通过也可以重复报考。然而,新司法考试(旧司法考试也是如此)看似是一般考试,实际上却是和升学考试别无二致的选拔性考试。法科大学院[1]毕业生都有资格报考。如果是一般考试,有意愿参加考试的学生进入法科大学院学习相关实务知识,那么学院的基本方针应与医学院一样,都是使毕业生全部达到合格线。若贯彻这一方针,司法考试的设计也必须是让达到一定水平的考生全部通过。然而,现实中的司法考试却是一门限定合格人数的选拔性考试。2009年通过考试的人数是2 043人,日本法务省称预计将合格人数增加到3 000人(注:

---

[1] 即法律研究所,以培养律师、检察官、法官专设的研究生院,学制三年,毕业后授予法学博士学位,可获得参加新司法考试资格。——译者注

当时)。2010年日本律师联合会会长选举,则由一个要求将司法考试合格人数减至1 500人的候选人当选。讨论合格人数本身就表明,新司法考试是一门选拔性考试。

既然是选拔性考试,不管怎么努力,只要其他考生更用功,就有可能无法通过。无论各法科大学院如何强化充实教育内容,只要其他学校更努力,提高通过率就会成为空谈。

文部科学省要求各法科大学院提高司法考试通过率。然而,能提高通过率的仅限于一般考试。文部科学省在合格人数被限定的情况下来谈提高通过率,就如同要求所有学生成绩必须高于平均分一样,是一个非常矛盾的要求。

法科大学院每年的毕业人数为6 000人左右。即使按照法务省的规划,将合格人数设定在3 000人,通过率也仅仅达到50%,这么简单的计算连小学生都能理解。若按照合格人数为2 000人来推算,法科大学院毕业后无法取得从业资格的每年有4 000人,且这个数字正在逐年累计。并且,新司法考试规定,法科大学院毕业五年内只能报考三次。

我们按照小学高年级数学来推演一遍。合格人数为3 000人,毕业生有6 000人,未通过者还可以再参加两次考试,那么合格率等于3 000÷(6 000+3 000+3 000),也就是25%(如果合格人数设定为2 000人,合格率仅为14%)。这是数字计算反映的事实。声称将合格率70%作为目标的人,甚至连小学数学都搞不清楚。

"三振出局者"将何去何从

第一届新司法考试于2006年举行。三次应考均失败,继而失去报考资格的人数持续增加。今后,未通过考试人数将以每年超过3 000人的数字不断累加。应试者中像这样三次落榜的人被称为"三振"[1]。这些"三振出局者"将何去何从? 听一个通过考试的人说,他的一个"三振"朋友考试后随即失去踪影,再也联络不上。我在搜集资料的过程中,发现这些人中有人在即将达到年龄限制时考取了地方公务员,也有人就这样返回老家,灰心丧志地成为茧居族(即无业"啃老")。

我曾经在《希望格差社会》(筑摩书房,2004)一书中预测的情况切实发生了。这些落榜生付出的不仅是努力,如果就读的是私立法科大学院,那么此时已投入数百万日元,就算是国立大学,也需要支付一百多万日元的学费,而这一切随着考试失败全部化为乌有。还有不少举债求学及赴考的人。失去考试资格的人当中,最年轻的27岁,而很多上班族和非法律专业出身人士

---

[1] 棒球或垒球运动术语,是指击球员三击不中而出局。——译者注

大都超过30岁,不仅再就业已经没有优势可言,报考公务员考试也受到年龄限制。所以不难理解会有人绝望至极,开始封闭自己。毫无疑问,努力得到了回报的合格者与这些落榜者之间存在着巨大的心理落差,这就是法科大学院学生必须面对的现实。

因为低收入的律师增加而主张减少司法考试合格人数的人,不知是否考虑过如何安置法考落榜而陷入绝望的法科大学院毕业生。

若维持现状,法科大学院将沦为教授应试技巧的培训机构,研究生因落榜的不安而恐惧焦虑,"三振出局者"被逼进绝望的深渊。

将新司法考试改为资格考试,即不限制合格人数,只设定及格线,像执业医师资格考试一样,对于全部毕业生原则上都给予合格,也不失为一个解决矛盾的方案。如果仍然维持限制合格人数的选拔方式,那就应该为未通过考试的人提供与之付出的精力、金钱提供相应的切实可行的职业规划。在考试制度出台之时,未将配套措施纳入考量,实在是一大决策失误。[1]

---

1 2010年本节内容发表后,该考试制度的矛盾性得到了认可,法科大学院数量虽未增加,但政府引入了预备考试制度,使得司法考试的报考条件得到宽限,提高了合格率。不少法科大学院停办或合并。然而,考试制度造成的混乱仍在持续。

求职、相亲与新司法考试
——各种风险铸就年轻人的沉重枷锁

求职、相亲与新司法考试中的重大风险

求职、相亲与新司法考试——也许让人联想到日本的三题落语[1]。我在迄今的调查中,发现以上日本特有的现象有一个很大的共同点,那就是这三件事对于年轻人来说,都伴随着极大的风险。也就是说,不消除这些活动中的风险,事态将进一步持续恶化。

它们的特征列举如下:

1. 为达成目标,需要付出金钱、时间和相当程度的努力。

2. 若不付出努力,达成目标的概率就会降低。

3. 无法达成目标时,面临的是绝望境况。

4. 并非所有人都能凭借努力达成目标,失败概率很高(虽有人看似可以轻易达成目标,但同时也有人无论如何努力终究还是会失败)。

---

[1] 三题落语,落语的一种形式,将随兴给出的三个主题结合在一起完成表演。亦指其所说的段子。——译者注

也就是说,并非努力就会有回报。但如果不努力的话,面对的便是更加糟糕的状况,因此不得不持续努力。但这些努力也不一定得到回报,最终陷入恶性循环之中。如果成功达成目标,等待自己的看似就是充满希望的人生。反之,此前付出的所有金钱、时间、努力都将化为乌有。总而言之,成功者和失败者之间存在巨大落差,这正是求职、相亲和新司法考试共有的特征。

求职活动大约在大学毕业前一至两年间进行,新司法考试在考入法科大学院之后,相亲则因人而异,也有先后持续超过十年的情况。然而,这三件事的构造总体来说极其相似。我曾在《希望格差社会》中引用美国社会心理学家[1]的话:"希望来自感到努力会有回报,当努力付之东流,随之而来的就是绝望。"现在日本的年轻人被迫在希望和绝望的夹缝中艰难求生。

应届生统一录用惯例的弊端

日语中的"就活",字面上就是指就业活动,即为了成为企业的正式职员(或政府部门的正式公务员)而有意识地参加各

---

[1] 指兰道夫·内塞(Randolph Nesee, 1948—),美国医生、社会心理学家、作家。——译者注

种各样的活动。现在的"就活"主要指为了进入意向企业、提交实习申请、修改简历、接受模拟考试以判断是否适合该项工作等,有必要学习一些能够顺利通过求职考试的技巧。似乎学习各种技巧比掌握工作能力本身更受重视。我有个学生,据说在就业预备学校接受了面试时如何低头行礼等相关指导,我不禁同情现在的学生居然不得不花费时间和金钱去学习这样的东西。尽管认为这样的事很荒唐,但是如果不做些努力,就有可能求职落败。即便收效甚微,为了提高进入意向企业(考上公务员)的概率,就不得不参加有助于提升技巧的求职活动。

论其原因,在日本应届生统一录用惯例的影响下,如果想成为意向企业的正式职员,基本只有在应届毕业这个时期才有可能。国企、公务员考试虽然只有年龄限制,但如果年龄偏大,即便笔试成绩优异,在面试中也不占优势——相关传闻层出不穷。无论是否属实,要动摇考生的心,这样的传言就足够了。所以,如果应届生在毕业之际找不到工作的话,别说进入意向企业,有可能一辈子都无法成为正式职员。也就是说,基本脱离了正常的就业轨道,今后只能作为非正式职员被录用。要想改变这样的处境,无论选择报考研究生,还是进入职业培训学校,都需要花费比应届生参加求职活动时更多的金钱、时间和努力,但即便如此,能够找到比当时更好工作的概率也明显降低了。

按照目前的状况,别说进入意向企业,就连成为一名正式职员也并非易事。据说最近大学毕业生中有超过10万人既未升学也未就业。来年这些人加上数量难以统计的留级生都将涌入就业市场,成为正式职员只会越来越难。公务员考试因职位和地区的差异,报考人数比招考人数多出几十倍的情况也屡见不鲜。大学应届毕业生的就业形势越来越严峻。

新司法考试,如上文所述,考上法科大学院是报考的基本条件。入学后通常要支付超过100万日元的学费,进行为期几年的学习。但是,半数以上的毕业生无法通过考试,就连找个像样的工作都很困难。合格与不合格的人之间存在巨大的差距,这也是新司法考试的特征。即便明白这一点,但要想成为律师就不得不背负这样巨大的风险。

"婚活"也不能保证可以结婚

为了结婚而参加的活动,在日语中简称"婚活"。我在《"婚活"时代》中曾经指出,不特地参加任何活动就能顺利结婚的时代已经结束。现在,如果不积极投身寻找结婚对象、提高自身素质的活动,就很难顺利结婚。然而,核心问题在于参加结婚活动并不能保证就可以顺利结婚,只能说提高了结婚的概率罢了。例如,据推算,没有男女朋友的人在什么都不做的情况下,一年后结婚的概率低于5%。如果加入婚介所,概率会提高到10%左右。然而,婚介所90%的会员都很难在入会一年内结婚。参加联谊、相亲等形式多样的结婚活动,成功概率的确会提高,但并没有保证百分百能结婚的切实可行的办法。

被迫在求职、结婚方面付出可能最终毫无成效的努力,这就是现在日本年轻人的现状。尽管保证所有人都达成目标在结构上无法实现,但起码应该设法缩小成功者和失败者之间的差距。例如,大企业对应届生、往届生一视同仁,为司法考试落榜的法科大学院毕业生提供新的就业机会,构建可以保障个人独立生活的社会福利体系等,这些举措的必要性在不久的将来会日益凸显。

学生们如何看待求职活动
——追求舒适工作环境的理由

唯独不愿就职于"黑心企业"

每年1月至2月,大学正因准备入学考试与处理成绩等事务异常繁忙。这个时期也是老师们给学生的期末报告打分,审查本科毕业论文、硕士论文、博士论文等,大量阅读学生文章的时期。因而,有时我会从学生视角发现一些有趣的事情。

课上我提到过应届生统一录用的弊端,随后就看到有学生在报告中指出,同样的状况也发生在大学社团中。其大意是加入社团的时机只有入学后到暑假前这段时间,且以一次为限,大家都不想到二年级时再加入,以免受到和学弟学妹相同的待遇。另外,如果退出一年级时加入的社团,据说再想加入其他社团也非易事。并无成文规定,大家只是遵循惯例罢了,这一点和企业对应届生统一录用有些相似。

日本受儒家文化影响,长幼有序的观念深入人心,谁也不想把比自己年轻的人当成前辈,也不愿意差使一个比自己年长的下属。这样的感觉在男性间尤其明显。大概是这样一种观念被带入了企业经营,才会催生应届生统一录用这种将同一届学生招进来的惯例吧。

只要选错一次社团,就意味着在大学里就失去了社团这块立足之地。毕业时如果没有被录用为正式职员,今后就很难再以如此优厚的待遇就业,很多人只能以非正式雇佣的身份在社会上过着无处安身立命的生活。二者确有相似之处。

在社交、音乐方面有专长的人,还可以在所属大学以外,诸如校际运动会的社团、以社会人士为主的才艺团体中找到自己的位置。然而,没有这些才能的人就只能默默无闻地度过大学四年的时光。

近年来考察求职活动的毕业论文多了起来。其中有一篇是研究大学生选择就职企业时的"心声"。调查显示,学生真正重视的并非工资、福利,也不是企业成长性与品牌,而在于它是否具备一个让人感觉舒适自在的工作环境。反过来说,无论提供多么丰厚的工资待遇,多么优越的工作条件,如果没有让人感觉舒适自在的工作环境,他们也可能不予考虑。

如今是就业形势非常严峻的时代,别说挑选企业,就连行业也无从挑选。即便对方是中小企业,也不会因此就拒绝。学生经常被求职顾问提醒,找工作时不要限定于某一行业,也不必拘泥于大公司,要放眼于不同类型的职场。甚至有学生回答,只要是正式职员,不论哪里都可以,但底线就是不去让人感觉不自在的公司。为什么呢?因为很有可能要在这家公司一直工作到退休。

那么,什么样的公司会让人觉得不自在呢?我认为无论薪水多么丰厚,工作内容多么有价值,不善待员工的公司当属此列。另外,公司内部人际关系恶劣且沟通不畅,有个独断专行的上司也会让人感觉不舒服。此外,还有对业绩一直无法提升的职员,经常采取一系列不公正待遇迫使其主动离职的公司等。用年轻人的话来说,这些都属于"黑心企业"。

事到如今只有限制市场准入?

在这里,应届生统一录用的弊端再次凸显。如果在企业间跳槽是一件易事,应届生以外的求职者不遭受差别对待的话,不善待职员的公司在就业市场上被淘汰的可能性就很高。因为优秀员工从这样的企业离职后,可以到更优秀的企业工作。然而现实是,进入公司后一旦辞职,就会失去应届生的优势,无法找到更好的公司,想到下一家公司的工作环境可能更加恶劣,对于眼前的不自在也就能继续忍耐下去。于是,"黑心企业"才能得以存活。

求职只有一次机会,错过这次机会,就业条件将更加恶劣——这样的体制阻碍了人才的良性流动。即便觉得目前的职位与自己的能力不匹配,也不适合自己,但如果辞职,再找工作就困难了,那么最终只有选择继续在这家公司待下去。也就是说,试错成本很高。因此,学生在初次就业的时候,就要求至少要在一家令人舒适的公司工作。

另一篇学生毕业论文介绍了其他一些不合理现象。据说参加求职面试时,创作一些"趣闻轶事"讲出来活跃气氛这种做法很流行。据说其中不乏自导自演一个实际根本不存在的社团部长角色,在面试中大放厥词的激进者。温和派的做法虽不至此,但也有很多人在不同公司,面对不同的人都说同一句话——"这正是我想从事的工作"。

虚报学历是一个严重问题,然而仅在面试时说一些毫无依据的"趣闻轶事",面试官大概也不会记得很清楚吧。总之,只要敲开了企业的大门就是胜利。只要被录用为正式职员,不会被轻易解雇,上述的乌龙创作也无伤大雅。只是企业似乎有必要分辨一下这些所谓的"趣闻轶事"的真实性了。

如果"将实际不存在的东西说得跟真的一样"对于企业人员是必备的重要能力,那么从这一点来看也无可厚非。然而,这篇论文的作者认为,现在的求职活动演变成了企业人事职员和面试学生间的一种互相欺骗,并指出各方在其中不吝投入精力是毫无意义的行为。

如今在应届生统一录用的惯例下,学生在短时间内研究并参加上百家企业的面试。企业也在考察数千人,有的甚至达到上万人。如此,学生要找到一家与自己能力匹配、适合自己的公司反而更加困难。我认为企业面试可以效仿大学入学考试、公务员考试(其中多数学校、单位的考试日期冲突),另外,对准入的企业数量也可以加以限制。

阻碍结婚的因素数不胜数
——结婚意愿高涨也无法阻挡不婚趋势

未婚年轻女性的不安情绪高涨

据说东日本大地震后,婚戒的销售额激增。在其他珠宝饰品和杂货的销售额均在减少的趋势下,某百货商场婚戒的销售额竟比前一年增长了15%,另一家百货商场据说增长了43%。

我曾经采访东京的一名独居女性,她说道:"地震当晚,他步行三小时来到我的公寓,我就动了结婚的念头。"或许正是因此,恋人们才突然产生结婚的意愿吧。另外,也有地震后完全感受不到对方的关心而分手的情侣。由此可见,地震成了感情的试金石。

有数据表明,2011年4月间注册婚介服务网站的女性人数有所增加。我认为对结婚持积极态度的女性增加这一事实,与其说是受地震影响而产生的一时现象,不如说是基于近十年社会状况的改变而产生的变化。

我2007年创造的词语"婚活"流行于2008年9月的雷曼

事件[1]之后。随后,"无缘社会"[2]一词于2010年开始流行,一直持续到地震发生的2011年。这些犹如三记重拳,让年轻未婚女性开始感到不安,对结婚活动的兴趣开始高涨。

自1980年开始,受欧美女权主义的影响,女性独立自主、拥有自己的事业受到称赞。1985年日本颁布《男女雇佣机会均等法》,人们期盼的时代——女性也可以和男性一样有自己的工作,不结婚也可以自立,结婚后一边育儿一边工作——似乎已经到来。

均等法案出台时正值日本泡沫经济时代,年轻女性在就业方面也受惠于此。即便是女性,只要愿意就可以成为正式职员。女性从事一些看起来很酷的职业而被认可,也是从那个时候开始的。当时的热播剧《男女七人的夏日物语》(TBS,1986)里的女性从事的职业有金融交易员、照明设计师、自由作家和棒球赛事解说员。剧中只有解说员这个角色有着非常强烈的结婚欲望,在剧中反复相亲,而其他三人都希望作为职业女性

---

1 2008年,美国第四大投资银行雷曼兄弟由于投资失利,宣布申请破产保护,引发了全球金融海啸。——译者注
2 该词语出自日本放送协会(NHK)于2010年1月31日播出的纪录片《无缘社会:无缘死的冲击》。简单地说就是"没有关联的社会"或"各不相干的社会",意味着人与人之间或人与社会的联系已经淡化到几乎可以忽略的程度。——译者注

继续在职场打拼。那个时代的未婚女性在经济上自立,且胸中满是实现自我价值的梦想。

但是,日本在经济泡沫破灭后随即陷入经济危机的泥沼,年轻人的雇佣状况发生恶化。尽管职业女性的数量在增加,但是无法成为正式职员,而作为派遣职员、临时工等非正式雇佣的女性数量在增加。进入21世纪后,年轻女性结婚并成为全职主妇的愿望高涨也是因为以上这些因素。

在2008年的雷曼冲击下,有关"派遣村"的相关新闻等,大幅报道了制造业终止派遣职员制度让很多单身男性失去生活来源的情况。然而不仅如此,大量从事行政工作的女性派遣员工、兼职人员也被辞退。还有外资企业的女职员因为未婚而被解雇的,这样的事情也经常听闻。但其中大多数是和父母一同居住的单身寄生族,生活上不会有太大的困难,因此没有被媒体过多报道。但能否拥有自己的事业、在经济上自立,对此抱有不安和怀疑的未婚女性确实有所增加,这是不争的事实。

2010年,失踪老人的问题在社会上掀起轩然大波,NHK放映了纪录片《无缘社会》。一年中有3.2万人"无缘死"[1],大

---

[1] 单身或者独居老人,死时身边没有亲人在场,甚至死后仍然身份不明,无人认尸的现象。——译者注

约占了当年死亡人数的3%。看了这些报道的未婚女性开始担忧父母过世后自己的生活。2007年,上野千鹤子的《一个人的老后》(法研,2007)成为当年的畅销书,但我想大家应该理解,上野女士推崇的活法仅限于在经济上无所顾虑的女性。

由我担任主要调查者并已公布结果的内阁府调查(2010年调查,2011年发布《关于结婚、组建家庭的调查报告》)中,对于想结婚的理由,回答"不想孤独终老"的女性多于男性,大大超过"现在一个人感觉很寂寞"的回答(参照图1-1,男性人数两方面都差不多)。

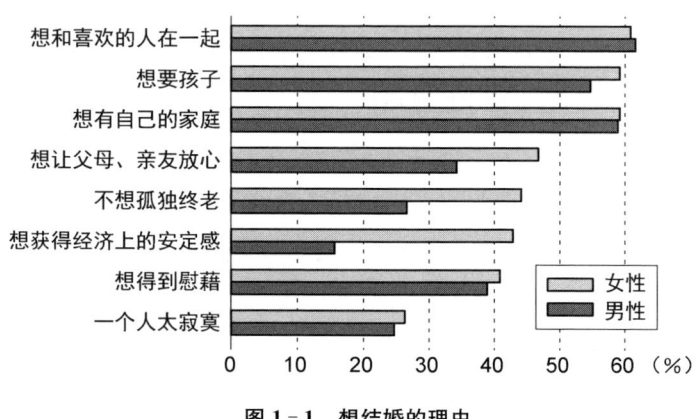

图1-1 想结婚的理由

注:可多选,调查样本为20—39岁未婚人士,女性3 167人,男性3 806人。
出处:内阁府《关于结婚、组建家庭的调查报告》(2011)。

年轻男性的就业状况也不稳定

我在这一节开头就提到过,此次地震后人们发现,平时可能还好,一旦遇上突发状况,一个人很难应付——这样的意识被强化,结婚的意愿也由此进一步提高。

但现实是残酷的。即便想结婚,结婚对象也不会自己送上门来。雷曼冲击之后,特别是年轻男性的收入状况和雇佣情况都进一步恶化。未婚女性如果对自己将来的经济状况感到不安,找一个工作稳定的男士作为结婚对象就显得十分必要。现状就是未婚女性的结婚意愿和实现的可能之间相距越来越远。

我们的社会制度里,男性婚后理所当然要养家,只要这样的社会制度存续,那么结婚意愿高涨却难以实现的矛盾状况就不会改变。在欧美,推进双职工家庭的前提是有相当丰厚的育儿补贴等社会福利作保障。此外,未婚的年轻人不和父母一同居住,收入少并不会成为结婚的障碍。

内阁府 2010 年的国际比较调查(《关于少子化社会的国际意识调查报告》,2011)中,结婚和同居生活的必要条件中,各国选择"足够的收入"这一项的人所占比例如下:瑞典 14.5%、法国 15.5%、美国 36.9%、日本 53.4%、韩国 67.2%。其中日本、韩国明显高于瑞典、法国、美国,而这两个国家的少子化十分严重。

保障双职工家庭的社会制度没有进展,对于育龄青年没有经济上的支援,并且年轻人的收入趋于不稳定。如果不改变这种趋势,日本的不婚化只会愈演愈烈。

为何年轻人找不到人恋爱

——有必要对男女交往不活跃现象提供协助

单身青年数量激增

据说"逆向巧克力"蔚然成风。情人节在欧美,首先让人想到的是夫妻、恋人之间互赠巧克力的日子。然而在日本,这一天女性为向自己心仪的男性告白而赠送巧克力。日本这种风俗据说源自巧克力厂商的营销,大概在20世纪70年代固定下来。从那时起又产生了女性给一般男性友人送"义理巧克力"、朋友间互赠"朋友巧克力"、过白色情人节等习俗。"逆向巧克力"也是巧克力厂商的营销话术,指的是男性向喜欢的女性告白时赠送的巧克力。

这显然对应了男性"草食化"[1]现象。从前在日本,男性无

---

1 在感情关系和人际交往上较为被动,性格腼腆害羞,不擅长与异性接触,为人憨厚。——译者注

论何时都可以向心仪的女性告白,但是女性就比较消极,很难自己主动向男性开口。因此,创造一个特别的日子,让女性也可以积极地倾诉爱慕之情,这本来应该是日本情人节的初衷。也就是说,"逆向巧克力"这个词的出现,可能代表了当下男性若非纪念日或节日,就无法向女性表达好感的现状。

年轻男性在男女交往中的消极化趋势,据称始于数年前。不过因为缺乏可用于比较的调查数据,也就无从考证。但根据关西大学教授谷本奈穗所做的杂志内容分析,到 80 年代为止,劝导男性积极主动表白的新闻报道还比较多,自泡沫经济崩溃后的 90 年代后半期起,媒体的主流导向就变为提倡不动声色地暗示。据说这是为避免被拒绝的尴尬,而有意倾向非积极进攻式的表白(《恋爱社会学》,青弓社,2008)。

翻阅不同的调查结果,可以肯定的是,这十年间未婚男女的交往似乎变得比较低迷。2010 年开展的被广泛报道的国立社会保障与人口问题研究所第 14 次出生动向基本调查显示,未婚男女中没有结交异性的(18—34 岁)男性比例为 61.4%,女性为 49.5%,为 1987 年以来的最高值(图 1-2,1987 年男性比例为 48.6%,女性为 39.5%;2005 年男性比例为 52.2%,女性为 44.7%)。这项统计数据里包含了异性友人,所以其中有恋人(包含结婚对象)的人数实际上更少,男性比例为 24.6%,

女性为 34.0％。未婚男性每四人中有三人、女性每三人中有两人都是没有恋人的。

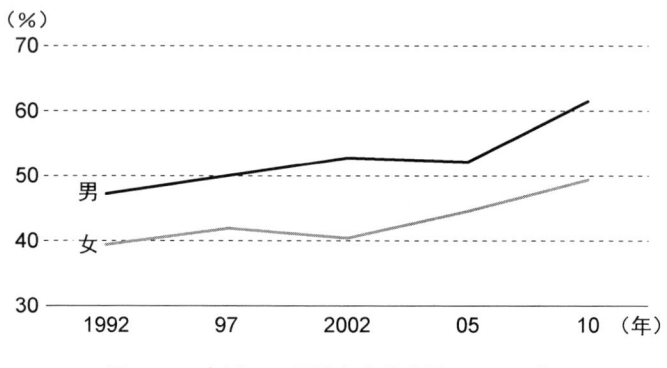

图 1-2　未婚且无异性友人的比例(18—34 岁)

出处：国立社会保障与人口问题研究所第 14 次出生动向基本调查。

男女交往不活跃的现象显著发生于不满 20 岁的年轻人中间。18—19 岁的年轻人中,不要说恋人,连异性朋友都没有的,男性比例为 69.9％,女性为 59.8％。虽然至十年前为止,这项数据都是一路攀升,但未婚男女中的性经验比例也在 18—19 岁这个年龄段开始趋于减少,男性为 26.0％,女性为 28.1％(2002 年男性比例为 33.3％,女性为 32.3％)。

与异性交往的意愿也较低迷。针对无交往对象的 18—19

岁年轻人进行调查，询问其是否有与异性交往的意愿时，回答"没有"的男性占整体的34.7%，女性占33.0%。这个年龄段的人几乎全都未婚，因此18—19岁年轻人中每三人中就有一人，不仅没有恋人，连异性朋友都没有，也没有结交的打算。日本性教育协会的调查也显示，对异性没有兴趣、毫不关心的初高中生正在增多。不只是"草食系"，甚至开始出现"绝食系"等新字眼，这也是可以理解的。

我把这些数据介绍给其他国家的人，大家无一例外都非常吃惊。一个法国记者说道："这样岂不是少了一半的人生乐趣？"同时，我问了身边没有恋人的学生，得到的是"太麻烦了""没必要""没有一样很快乐啊"这样的回答。

恋爱关系也呈现两极分化？

关于年轻人交往欲望低迷的原因，一时众说纷纭，其中一种称为"两极化说"。因为男女交往有低龄化趋势，所以受欢迎和不受欢迎的人之间产生了很大差别。很多人在中学时就意识到自己是不受欢迎的一类，很早就放弃了主动结交异性的想法。的确，根据日本性教育协会调查显示，和多名异性有性体验的大学生在不断增加，与此相对，从整体上看性经验率却波动不大。

此外,"虚拟现实说"也比较有说服力。年轻一代已经在电脑、网络等构成的二次元空间,女仆咖啡馆、偶像等可以寄托情感的想象空间,或风俗产业等满足了男女关系的欲求,所以在现实世界里对于和异性交往的欲求就日渐稀薄了。

每当听到电车里的高中男生们一边打手机游戏,一边议论"游戏里这个女孩背影好可爱啊,但是转过去看正面就不行了",我自然就会想让他们"在现实中跟女同学交往看看"。听说也有人满足于可以重置的虚拟恋爱游戏中的恋人关系。此外,看到追星的女生、为了和偶像团体AKB48握手而反复排队的男生,我都不禁会想:为何不把你们这些精力的一小部分用于现实的恋爱呢?

并且,据说日本单身者的风俗业体验率在发达国家中是遥遥领先的(根据某项调查显示,日本单身者中风俗业利用者占到10%以上,而欧美仅为1%—3%)。我也开始听到这样的声音:"只要花钱就可以体验虚拟的男女关系,何必非要那么麻烦,找真人来谈恋爱呢?"

然而,即便如此,还是有很多的男女希望有朝一日能够结婚。我所进行的内阁府调查中,"不想恋爱但想结婚"的回答占到单身者的10%左右(《关于结婚、组建家庭的调查报告》,2011)。但按照目前的状况,结婚的愿望能实现的可能性将非常低。

在人口持续减少的社会里,如何提高年轻人的异性交往率,也是应列入政策议题之中。

投机化的教育
——学历按性价比分级

"投机"一词十分恰当

与其称为投资,不如说投机更为恰当。我们讨论的,不是泡沫经济时代的房地产,也不是任何金融产品。日本高等教育体系的现状,称其为投机亦不为过。

教育也有很多侧面,既有教授成为社会人所必要知识的基础教育,也有享受学习乐趣的消费型教育。在此,我主要考察的对象是高中毕业后接受的大学、研究生、职业技校等高等教育和职业教育。而所谓的高等教育,预设条件是花费了时间、金钱、学习本身付出的努力后,掌握了职业技能,且从事可以发挥该项技能的职业。

在日本,几乎所有年轻人都有高中毕业的学历,而高等教育的代表机构是大学,因此可以从教育经济学的角度计算出,比起高中毕业就进入职场,读大学能得到多少额外回报。也就是说,比较高中毕业就工作和大学毕业再工作这二者的终身收入差异,是否能抵消到毕业为止的花销,以此来判断大学教育是否具有投资价值。一般情况下,学历层面的投资效率,指的就是教育的性价比。而至今为止的讨论,都集中在高等教育的性价比高低,以及这个指数今后将如何变化等问题上。

然而,如今日本社会所产生的问题,绝非判断教育性价比高低这么简单。

原因之一在于接受高等教育已非投资,而逐渐演变为一种投机行为。投资和投机的区别在于两者所承受的风险大小不同。对于金融产品,所谓投资,指的是损失本金的风险很小,有比较稳定的回报预期。与此相对,投机是指期货交易或杠杆商品无法预测回报率,甚至有可能血本无归,可以说是一种赌博。也就是说,教育投机化,指的是无法预测教育投资的结果——不但不产生回报,甚至投入的金钱、时间、努力最终有可能全部付诸东流。

另一个重要的原因在于教育投机化导致的恶性循环。教育投资的对象不是商品,也不是房产,而是活生生的人。因此,对于即将踏入社会的年轻人来说,教育投资的失败不仅是金钱方面的损失,还意味着输在人生起跑线上。而且,如果不接受高等教育,可能会面临更加恶劣的状况。因此,从这个意义上来说,现在的年轻人被迫跌入教育投机的泥沼之中。

打个比方来解释这种状况。面对物价激增,如果不把手里的钱拿去投资,可能最终会失去一切。然而,投资项目伴随着高风险,所以有可能还是血本无归。现在日本的大中小学生都不由自主地置身于这样的社会环境中。

教育投资风险化的进展

从第二次世界大战结束到1990年前后,对高等教育(包含技校等职业教育在内)的投资基本都可以得到相应的回报。这就犹如哈佛大学研究员所提出的"管道系统"(pipeline system),教育和将来的职业是相互联系的。如果不是犯一些极端错误或极具冒险精神,从高校毕业都能找到与教育投入相匹配的工作。如果是男性,大学毕业后成为大企业的管培生或政府部门的储备干部(即所谓的白领或技术人员)完全不成问题;如果毕业于教育专业,便可当上教师;若是硕士、博士研究生,30岁左右基本都能获得大学的正式教职。因为高校数量较少,而社会对高等教育毕业生的需求又比较高。

另外,短期大学毕业的女生一般都可以进入大企业,和职场中收入高的男性结婚的概率也比较大。在社会教育学领域,针对女性升学考察性价比时,甚至有时不以本人收入而以其未

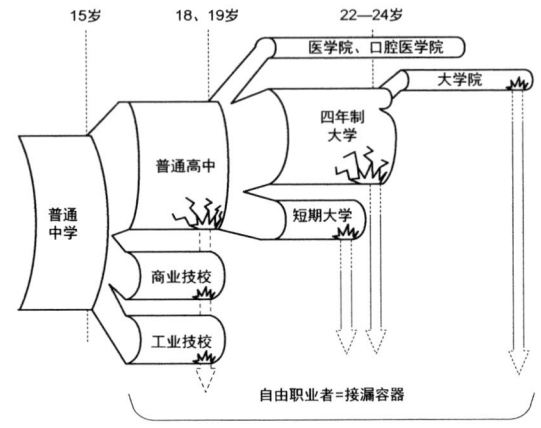

图 1‑3 管道渗漏

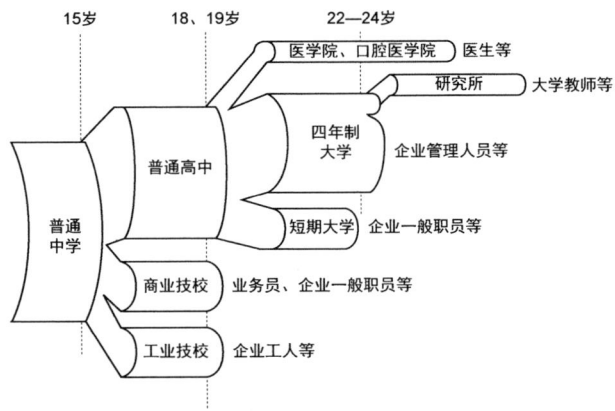

图 1‑4 管道系统——只要愿意就可以做专业对口工作

来丈夫收入会增加多少来计算，并且得出到1990年前后女子短期大学性价比最高的结论。

近二十年来，教育与就业衔接的风险越来越大。高中毕业后，虽说接受了高等教育，但能否学以致用，找到对口的工作变得无法预测。究其原因，随着高校增多，毕业生人数增加，造成毕业生供大于求。这一巨大鸿沟表现为能否找到专业对口工作，这是现代日本的特征。

从投资的角度来看高等教育的话，截至1990年，教育费用基本可以回本，即毕业后从事的工作可以获得较理想的收入。然而，90年代后半期开始就必须开始考虑风险——即便接受了高等教育也不能从事专业对口工作。

而且这样的风险也因学校的类型和级别不同而有所差异。就像金融证券分不同级别一样，高等教育也有不同级别，从风险较小到风险大到只能称为投机的高校均广泛存在，这就是实际情况。在债券评级时被视为问题的不是票面利率，而是无法支付本金或利息的违约风险。也就是说，无法找到专业对口工作的"可能性"变得越来越受重视。

我曾听音乐专业的学生说过，中学时代决定报考音乐学院时，钢琴老师曾经和他的父母确认过："这就如同赌博，你们可以接受吗？"攻读音乐学院的费用不菲。不仅是学费，除了入学前后都必须额外支付的课程费用之外,服装、乐器等也需要自费购买(据说穿T恤都不好意思去上课)。如果成功当上有名的音乐家,自然也会有高收入。但是,仅凭演奏收入就可以维持生计的,在音乐学院的学生中只有很少的一部分,大多数人都无望收回在教育上的投入。也就是说,这是一个投资回报差距极大的高风险选项。因此,单就毕业生的平均收入与教育成本进行比较,由此计算出的性价比是没有意义的。而且与音乐学院类似的状况也在其他教育机构中蔓延开来。

也就是说,在考虑学历投入与效果之间的比例问题时应该从以下三个层面展开思考:升学费用;毕业后能从事的职业的平均收入;能够从事该项职业的概率(不能从事的风险)。进一步说,职业收入也是需要注意的。即使是同一个职业,收入也有很大的差别。前面提到的"音乐家"是一个典型的例子。另外,工作还有正式职员与非正式职员、正式公务员与借调公务员之分,不同规模企业之间的收入差距也在逐步扩大。例如,即使是在同一所大学执教的教师,正式教员和临时教员之间的收入也有着天壤之别。也就是说,正式就业的成功率变得日益重要。

高等教育机构排行榜

在此,我们尝试着按照专业对口工作(正式职员),来给高校划分等级。当然,等级靠前的不一定是好学校。我们能听到优秀音乐家的演奏,正是得益于有很多未来的音乐家承担着高风险,不顾一切地考入音乐学院。也有人的想法是,只要风险小,即便从事不适合自己的职业也无妨。总之,希望大家从现实出发,将这种划分视为教育体制改革的基准。

● 低风险的高等教育机构

现在这个时代,低风险教育机构的代表是医学院。自己开诊所,即便越来越难拥有以往的高收入、高回报,但是只要医学院毕业的大多数人都能通过国家考试,获得医师资格证,就可以保证相对较高的收入。这是因为医学部的入学人数被严格限制,这也是造成医师不足的缘故。从数字上来看,性价比数国立大学最高,对于想平衡工作和家庭的女性来说,国立大学十分具有吸引力。因此,考入国立大学医学部的约半数都是女性。即使因为育儿辞职,育儿期结束也可以凭自己能力再次找到条件不错的工作,对于女性来说这是风险极低的一个选择。

护理专科学校、护理类大学等,能够报考护士资格证书的高等教育机构也属于低风险教育机构,性价比很高。护士虽然收入没有医生高,但是因为护士行业缺人是常态,所以辞职后再就业也容易,这一点和医生是一样的。但是对于同样是低风险且经常缺人的护理行业,一旦入行做了看护类的工作,性价比就不如护士高了。即使是正式职员,平均年收入也就200万—299万日元,无法维持生计。期待该行业的薪资能得到改善。

其他还有诸如防卫大学[1]、航空大学[2]等低风险、价比高的高校,但都是专业性极强的公共服务类学校,招生人数有着严格的限额。

● 中等风险级别的高等教育机构

虽然并非无法找到对口的工作,但有相当数量的学生毕业后找不到工作的,这种高校被归类到中等风险级别。这里说的"找不到工作",也包括低收入或非正式职员待遇的情况。在这种类型的高校不断增多的情势下,潜藏着如今日本教育体系的一个大问题。

其中最典型的例子当数法科大学院,也就是所谓的法律学

---

[1] 防卫大学,防卫厅的附属机构,为自卫队培养初级自卫官,校本部在横须贺市。——译者注
[2] 航空大学,运输省所管的培养民间航空飞行员的学校,学习年限是两年八个月,本校在宫崎县宫崎市。——译者注

校。就算是法律学校毕业也不一定能成为律师、法官,必须要通过司法考试。这点貌似和医科大学很像,但从考试体系上来说其实是完全不同的。全国医师执业资格考试纯粹就是一门资格考试,只要达到一定的水准,理论上可以全员合格。但是,新司法考试是和大学入学考试一样的选拔考试,合格人数有限制,即便达到合格标准,如果分数比较低的话还是无法通过考试。相较于法科大学院每年将近6 000名新生,2009年的司法考试合格人数仅2 043人,即使按照国家计划增加到3 000人,也有一半的毕业生无法取得律考资格证。大学毕业后,花费了几百万日元的高额学费,投入了两年的时间努力学习,最终两手空空的法律学校毕业生,每年有3 000多人,且逐年累加。也就是说,一半以上的入学者,最终花费的金钱、努力、时间犹如丢进了阴沟里。而且,在应届生统一录用的惯例下,在司法考试中落榜的法科大学院毕业生很难以有利的条件就业。

在这样的状况下来谈性价比毫无意义。对那些司法考试合格人员来说,可以享有高薪工作,性价比自然是高的。然而,对于落榜者来说,性价比就很低了。即使将两者平均来看也是无意义的。当然,毕业于超一流大学且在超一流大学的法学专业学习的人,通过司法考试的概率也会比较高。今后,各个法科大学院的风险大概也会根据其每年实际合格人数细分为低风险和高风险两类。

以培养学者为目标的各个学校的博士课程也遭遇类似的状况。20世纪90年代,当时的文部省[1]实行研究生扩招政策,因此每年拿到博士文凭的就有16 000人,但每年各个大学教师岗位的进人指标最多也就4 000人,因此有很多人是以任期聘用制研究员、临时聘用制讲师的身份被雇用,工作不安定且收入偏低。在这种情况下,如果27岁博士毕业即能立刻直接被大学聘用为正式教工的话,性价比就很高了。

但是,几岁可以成为正式教员不得而知,一辈子都无法转正的概率在50%以上。也就是说,有一半在读博士研究生,等待他们的将是高投入零回报的命运。当然,这个风险因各自的研究领域和所在大学的水平不同也会有很大的差异。既然如此,那只能把读博期间的研究看作一种消遣,作为投资来看的话是绝对不划算的。所以,这个时代如果要做学者,首先要有"因为可以做自己喜欢的事情,一辈子收入低一些也没关系"的觉悟。

这样的状况已经开始在临床心理学大学院、大学中培养初

---

1 当时的名称,2001年与科学技术厅合并为文部科学省,是主管教育、文化的中央机构。——译者注

高中教师的课程、图书馆员等领域出现（现在小学教师的需求较大，也是一个风险较低的选择）。成为图书馆的正式职员是非常困难的。公立图书馆为了削减经费降低成本，削减正式职员的编制（将曾经是公务员编制的司书[1]转换为一般职位），转为雇用月收入15万日元左右的非正式特聘员工。于是考取司书资格的学生大多被迫放弃做司书工作，转而到一般企业工作，抑或接受低收入、非正式的司书职位，在这两者之间艰难抉择。具体细节请参见拙作《这就是不可理喻的社会保障》（文春文库，2012）中有关高学历贫困现象的阐释。

● 高风险的高等教育机构与性别差异

像前文所说的音乐学院那样，对于高风险的大学，学生们其实报考前是已经做好心理准备的，所以后续问题反而比较少。声优[2]学校、播音专业、摄影专业等与艺术、娱乐相关的专科学校也是同样，学生都是在已充分了解该专业就业率低的前提下考进这些学校的。这些人当中，有很多早早放弃而转入一般企业工作的，也有因为父母财力雄厚基本不靠工资也能生活

---

1 日本根据图书馆法设置的具有一定资格的图书馆正式职位，负责总务、图书保管、阅览等事务。——译者注
2 为广播剧或电影灌录声音时只担任配音的演员。——译者注

无忧的人。

男女差距较大也是特征。以音乐学院为例,女生毕业后可以凭借和高收入男性结婚的形式提升学历的性价比;而有一个出身音乐学院的妻子,在高收入的男性中也被认为是有身份的象征。也就是说,对于女性来说,考虑就业时,未来结婚对象的收入也有必要列入性价比的计算范畴。如前文所述,曾经短期大学毕业的女生大部分都进入大公司和男同事结婚,然后离职。这种情况下,在拥有自己收入的基础上,还有供职于大企业的丈夫,也可算作是短期大学毕业生的福利了。

但是,上述因结婚对象而得到的性价比/投资报酬率也开始暴露出极大的风险。首先,因为高收入、工作稳定的未婚男性数量正在锐减。例如,大部分女性都想和医生结婚,但是现实情况是现在医学院毕业生中约四成都是女性,并且医学毕业生中同行结婚的比例约占三分之一。较之从前,与医生结婚后做全职主妇的女性数量已经锐减至不及从前的一半。

此外,现在的男性也渐渐更愿意寻找有收入的女性为伴侣,在这些因素影响下,未婚率持续走高,甚至一生未婚的比例达到了现在25%的高位。即便是大企业的普通职员,因职场结缘的婚姻数量也减少了,婚后享受安定生活的概率也变低了。女性企图通过寻找理想的伴侣来挽回教育投资失利的策略正在面临越来越高的风险。

高等教育中等风险化

现在评级持续走低的主要是一般大学毕业生的教育投资吧！直到泡沫经济时代，大学毕业生基本都能在大企业稳定就业。泡沫经济崩溃的同时，第二次婴儿潮一代使得大学毕业生开始增加，但企业却因为受到经济下滑的影响开始缩减正式职员的录用人数，其结果便是大学生也无法确保毕业时能找到一份稳定的正式工作。

并且，就如我曾多次批判的那样，作为日本雇佣惯例的应届生统一录用仍然残存，特别是大企业。因此，如果应届毕业生不能就业，就将面临非常不利的求职环境。不过就算是大学毕业时没能就业，比起高中毕业生，找到好工作的概率还是高很多，从这个角度来说，教育投资也并非毫无回报。但是如果不能较好地利用应届毕业生的身份，那么可以说教育投资的回报率就锐减了。应届毕业生能否找到稳定的正式工作，存在很大的风险。此外，随着就业形势日益严峻，大学毕业时不能获得一份大企业稳定工作的风险现在已经随着各个大学的水平、专业差距被进一步细分，贴上等级标签。

当然，超一流大学的毕业生不能就业的风险系数并非为零,风险级别较高的大学的毕业生最终成为一流企业正式职员的也不少。到头来,最终能否就业还是因人而异,企业也没天真到仅看大学招牌招人的地步。也就是说,在不考虑就业风险的前提下,大学的性价比都是一样的。正因为这样,就业风险的高低这把标尺对于大学评级变得日益重要起来。

教育投机化带来的两个问题

下面我们来看一下教育投机化给日本社会带来的问题。

首先,学生毕业后找不到对口工作的情况未被纳入考虑,由此导致的结果是年轻人呈现出保守化的倾向。

从学校毕业后,无法找到预期对口工作的人会怎么样?例如从法科大学院毕业后参加司法考试三次都失败的人、无法找到正式司书工作的人以及没能进入管弦乐队的音乐学院毕业生等。现在主要有以下几种出路:1. 寻找和所学专业无关的工作;2. 暂时作为临时雇佣人员一边打工一边等待成为正式职员的机会;3. 女性结婚等。不论哪一种出路都是以自由职业者的身份,一边靠着不稳定、低收入的临时工作维持生计,一边以寻找稳定的安身立命之地为目标。

在目前这个时代,上述三种方法的出路也越来越窄。1. 在日本应届生统一录用惯例的影响下,如果不及早循着容易就业的方向改变求职方向,在非专业领域就业也很难找到正式职员的工作。例如,博士研究生毕业想做高中教师,这也并非简单就能如愿。就算是教育学专业毕业,努力准备教师招聘考试,也很难被录用。2. 无论多么努力争取,正式的专业技术岗位数额也没有大的增幅,很难保证被录用。3. 作为理想结婚对象且拥有正式工作、收入稳定的男性越来越少。也就是说,不论是改变就业方向,还是兼职等待,事态并没有向好的苗头,反而使不安定的状态常态化,这就是现状。

虽说教育投资性价比变低,甚至有毫无回报的风险,但是对于大众来说却无法放弃投资。如果是现金投资,即使感受到风险的存在,可以考虑投资在别的地方,等待利好时期的到来,或者索性持有现金不投资。但是,人的岁数是在不断增长的,如果选择不投资,只会让状况进一步恶化。高中毕业生的就业形势非常严峻,很难找到稳定的工作。即使上了大学或者职业技术学校,该项教育投资也有投资打水漂的风险,但只要有机会入学,年轻一代也还是只得被迫投资。当然,也不是所有的人都去上大学,所以如何解决高中毕业生就业难问题就成为一个难题存留至今。

人各有各的爱好,各有擅长与不擅长的事情。另外,职业是实现自我的一种途径。所以,也并非只要是风险小的选项,做什么工作、去哪里做都无所谓。无论风险有多大,难道还能摧毁那些想成为钢琴家、图书馆司书或是教师的学生的梦想吗?

根据2009年倍乐生教育集团的调查,声称没有理想职业的高中生数量激增,由2004年仅占总人数三分之一的数值陡然间上升到接近总人数的一半。职业已经不再是实现自我的途径,只追求未来稳定的高中生越来越多。这样的结果,大概是源于高等教育投资的风险化,为了避免无法实现梦想而遭受打击,选择退而求其次。正如我在《为何年轻人变得日益保守》(东洋经济新报社,2009)书中指出的那样:不敢挑战可能存在的风险,紧紧抓住安全选项这根救命稻草的年轻人数量正在增加。这对于日本社会来说绝对不是一件大家乐见的事情。

降低风险与灵活就业

那么,该如何解决这些问题?一个办法就是降低高校毕业生就业不对口的风险,缩减高等职业技术院校的招生规模,提高毕业门槛,在学生投入大量金钱、时间、精力之前,尽早劝他们放弃在该专业领域就业,等等,这些方法在某种程度上是必要的。

另外,对就业体系进行大刀阔斧的改革也是必要的。也就是说,必须构建可以分散教育投资领域风险的系统结构。解决此难题最大的瓶颈就是以应届生统一录用惯例为中心的雇佣制度。如果雇佣制度能让一般企业无差别对待应届毕业生和法科大学院毕业但没有通过司法考试的学生、未成为大学教师的博士研究生等人才，那么会有很多复合型人才融入企业吧。对于这些专业人才来说，这也是一次再挑战本专业技能的好机会。如果教育投资打了水漂，不仅本人会深受打击，对于社会来说也是不小的损失。而现在正是重新定义、架构能有效衔接学校和职场的全新雇佣制度的时候。

第二章

家庭结构变迁,产生了新的弱势群体

解读家庭结构的变化

——从宠物家人化到单身寄生族

宠物家人化

为了解读社会面貌与家庭结构的变化,接下来先解释几个相关的术语。首先,我们先来看一下近年来有关日本家庭构成比较有特色的两个极端现象——宠物家人化和虐待儿童。所谓宠物家人化,指的是越来越多的人开始把饲养的狗、猫等宠物看作家人;虐待儿童则指父母对孩子使用暴力、遗弃孩子等,极端情况下甚至将亲生子女虐待致死。前者是将本来不是家人的动物视作家人,后者则是将本来是家人的孩子视作外人。这样两个极端的现象在近二十年中急速增加,可以说是当下日本家庭的特征。

我意识到宠物家人化现象,源于1985年听一个家庭裁判所的调查官员说,一位老妇人来咨询有关让宠物继承自己财产的问题。这位老妇人与儿子儿媳相处不融洽,对她来说最重要的是她饲养的一只宠物狗。因担心自己死后宠物无人照看,她想将自己的所有遗产都赠予这只宠物狗,因而来咨询手续上的具体问题。对于她来说，比起有血缘的儿子，这只宠物狗更像自己的家人。类似的例子相继涌现。国势调查显示，甚至有人到市政府咨询能否将自己的宠物视为家庭成员。我也曾听说离婚双方为争取宠物的监护权而诉诸法庭的事情。也就是说，围绕曾经共同喂养的宠物应该归谁的问题，原本的夫妻对簿公堂。

这样的案子并非个例，可以称其为宠物家人化趋势的例证。并非宠物数量增加了，而是将宠物视作家人的人多了。为宠物穿上漂亮衣服、庆祝生日、细心提供美味健康的食物，生病则带去宠物医院看病，死后有葬礼和坟墓。甚至还有专为失去宠物的主人提供心理咨询的专家。宠物享受着如同家人一般，甚至比家人更好的悉心呵护，主人们心甘情愿为它们花钱，为它们的死悲伤无比，完全将它们视为无法取代的亲人。

亲子之爱与生俱来？

如果说对于宠物家人化我们还可以不当回事，那么虐待儿童事件数量的逐渐上升就是一件只能用悲伤来形容的事情了。在虐待儿童的事件中，施暴者有的是养父母等，各种各样的情况都有。然而，在此我想强调的是施暴者为有血缘关系的亲生父母的虐待事件。

为什么呢？因为近代以来，我们的主流价值观里，父母为子女付出的爱都是无条件的，这是一个家庭的基本信念。因此，养父母虐待孩子人们还能理解，但亲生父母虐待自己的孩子，那就是一种有违人伦的做法。

人们对家人关系的普遍理解，应该是彼此互相关爱、血浓于水、不计得失的一种关系。特别是父母和子女，这种有着至亲血缘关系的人之间，对彼此的爱意应该是与生俱来的。因此，纵观现在报道的一些虐童事件，这种困惑可见一斑。这些报道关注的焦点大多集中在为何没能及早发现孩子被虐待的迹象，为何被虐待的孩子没得到及时的救助等，自始至终关注的都是些技术、理论层面的问题。然而，对于亲生父母为何开始虐待自己的子女，却鲜有分析，连儿童虐待问题研究的专家也对此保持缄默。

如果说虐待儿童事件极少发生，或多数施暴者是养父母的话，可能不会动摇"亲子之爱与生俱来"这样的观念。然而，自20世纪90年代以来，虐待儿童事件激增，2010年全年甚至达到4万多件（注：2012年达到66 807件）。其中由亲生父母施暴的事件数量同步增加。这恰恰印证了一个事实：亲子之爱也是后天培养出来的。进一步说明的话，例如刚生下孩子的母亲，如果自认无法养育这个孩子，会将孩子放进一个盒子，以匿名的方式遗弃在医院——这一行为备受苛责,正是因为它抹黑了"亲子之爱与生俱来"这一神话。此外,在老人无故失踪的问题被广泛报道的同时,媒体不去追查子女遗弃父母的原因,而一味纠缠于政府为何没能及时掌握高龄老人行踪这类纯技术层面的问题,究其原因,就是想回避"亲子之爱与生俱来"的神话。

家庭的形式和内涵

从宠物家人化和虐待儿童这两个极端的例子我们可以看到,家庭的形式和内涵开始和传统观念相背离。所谓家庭的形式,一般认为是构成家庭的人际关系,如亲子、夫妻等。家庭的内涵主要是指一些反映了家庭本质的关系,例如是否互相关心,家庭是否充满爱的氛围。

宠物家人化,主要是指从一般不被视为家人的对象(宠物)身上看到如同家人般的温情,而虐待儿童则是指从一般被视作家人的对象(亲生子女)身上看不到任何家人温情的现象。

以上这两个现象里还隐藏了一个对于家人来说非常重要的变化——家人是否可以选择。传统观点认为家人是无法选择的,家庭关系也无法轻易解除——亲子关系自不必说,即使是夫妻,一旦结婚,双方的关系也无法轻易解除。但是,在宠物家人化这一现象中,人们选择将宠物这种本来无法成为家人的对象当作家人看待。由亲生父母施暴的虐待儿童事件中,父母选择遗弃自己的子女,也可以说是解除了家庭关系。结婚、离婚,现实情况姑且不谈,理论上是双方同意成为家人(结婚)或解除家人关系(离婚)的体现。然而,在宠物家人化现象中,其实是宠物主人单方面把宠物当作家人看待;同理,虐待儿童的事件中也是父母单方面想解除家庭关系。

选择成为家人或解除家庭关系,自这些单方面的行为发生的那一刻开始,我们还可以继续把这种关系称为"家庭"吗?这是我们目前必须面对的现实。

"婚活"和"一个人"

正如字面所示,这两个词语意味着两个相对立的现象。既有因为想结婚而主动参加各种相亲联谊活动的单身男女,也有认为"为什么非结婚不可",对结婚持质疑态度的单身男女。这是现代日本家庭特征很重要的一点,代表着两种意义相反的现象。

一边说着亲情日渐淡漠,一边对家人的关注度持续高涨。统计数理研究所的调查显示,针对"对你来说最重要的是什么"这一问题,回答"家人"的人数在战后持续增加——1958年的比例为12％,2008年增长到46％。也就是说,认为家庭非常重要的人数一直有增无减。

然而,在现实中组建家庭变得越来越难,这通常表现在结婚、生育方面。现今未婚率居高不下。2010年的国势调查显示,30—35岁的男性未婚率为47.3％,女性为34.5％;据预测,目前20—29岁这一代人终身不婚率将高达25％。独自生活的单身老人数量也在持续增加(NHK制作的纪录片《无缘社会》如实再现了独居老人的生活状况,在社会上引发热议),其结果就是"孤独死"的数量也增加了。看了如此现实的例子,"丁克"年轻人开始对自己今后的老年生活深感不安,也是情理之中的事情。家庭很重要,然而现实中没有组建家庭的人却在不断增多。虽然想成家,但无法轻易实现。这种状况下就产生了"婚活"和"一个人"这样具有象征意义的典型现象。"婚活"指的是面对结婚难仍然义无反顾积极创造条件组建家庭的现象;"一个人"指的是认为没有家人也无所谓,总能找到替代品的一种现象。

"婚活"

"婚活"是结婚活动的略称,这是我创造的词语。虽然日本不婚化趋势愈演愈烈,但并非是因为独身主义者的增加。未婚

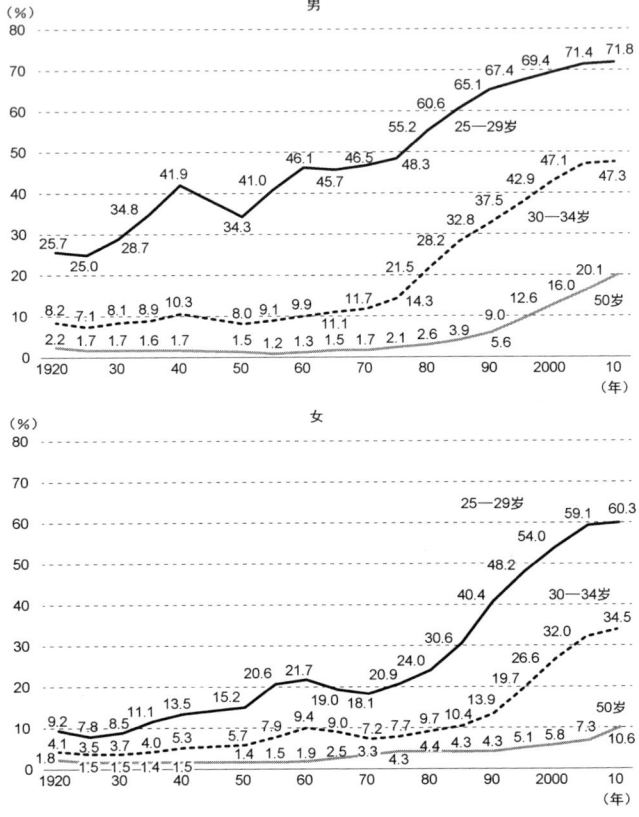

图 2-1 各年龄段未婚率变化

注：此表为排除了配偶关系不详人口之后的占比。终身不婚率指的是年满 50 岁时的未婚率（45—49 岁和 50—54 岁未婚率的平均值）。

出处：国势调查。

年轻人中有80%—90%都对将来的婚姻有所期待。未婚男女的同居率低(约2%,根据国立社会保障与人口问题研究所的调查)、拥有恋人的人数不多(男性约占三成,女性约占四成,出处同上),因此按照这样的状况,如果什么都不做,只是消极等待的话,就无法顺利结婚。现在已经进入为了能结婚必须有意识地参加联谊活动的时代。为说明这一情况,我创造了"婚活"这个词语。

想结婚但结不了的最大原因在于,现代社会中丈夫养家的意识还根深蒂固,然而现实状况是如今年轻男性的收入已经不再稳定。

因此,我(和白河桃子)鼓励女性为了维持婚姻生活,做好婚后也出去工作的思想准备。而"婚活"这个词语被大多数人当成一些女性为了和少数高收入男性结婚所要进行的求偶活动。

"一个人"

"一个人"一词本身作为市场用语而受到关注,原本是餐馆、酒店等为独身一人消费的客人所取的称谓。这个词开始成为流行语,是在上野千鹤子《一个人的老后》成为畅销书后——该书将"一个人"定义为高龄独居老人的代名词。

进入老龄社会是因为人们的寿命延长。一辈子单身的老人、伴侣早逝的老人、有子女但自己独居的老人等,这些高龄独身的老年人数量在不断增加。在这样的背景下,《一个人的老后》讲述了一个人也能有滋有味地生活下去的诀窍,所以很受欢迎。生活在一个结婚难的时代,与其委曲求全地追求婚姻,不如潇洒地活出自我的这种价值观,在读者中引发共鸣。

家庭重组的问题

"婚活"和"一个人"这两个词语流行的背景里隐藏着这样一个现实:自然而然地就能成家的时代已经结束了,展现在我们面前的是不努力就无法成家的社会现实。同时摆到人们面前的还有一个问题:家人是必需的吗?还是没有家人也无所谓呢?

如果无论如何都想结婚,那么"婚活"就是必需的。如果无论如何都想要孩子,那么就不得不考虑利用人工授精、代孕等手段。但是,积极参加"婚活"并不一定保证可以结婚,离婚率也达到了前所未有的高度。人工授精手术也有失败的例子。这样看来,人们不禁开始质疑:真的需要如此大费周章地去组建家庭吗?

想要以非传统的方式拥有家庭的人也很多。同性婚姻的合法化在全世界范围内被讨论,同性婚姻本身正是同性伴侣想让社会认同他们家人关系的表现。在日本一直无法实行的夫妇别姓,问题也是同样的。与家庭解体相反,这两种情况都表明了一些人想组建家庭的强烈愿望。

以宠物取代现实家人的人、在网络上以虚拟形式寻求家人的人开始出现。女仆咖啡馆是一个典型的例子——在这样的商业空间里,有人愿意付钱寻求家庭的温暖。

我认为,家人意味着"珍视我并认为我是重要的人"。一个人能积极健康地生活下去,家人是十分必要的。只不过一直有争议的现实是:家人是否必须是传统形式的?还是非传统形式的家人也可以?

要建立传统意义上的家庭变得越来越难。然而,希望有某种珍视自己、认同自己必要性的家庭关系,也就是我所说的对家庭关系的渴望,却并未减弱,反而更加强烈。在这两者的夹缝间,日本社会正在发生的是"问题的推后解决"。

单身寄生族的出现

我创造"单身寄生族"这个词语是在 1990 年,当时年轻人还有可能作为正式职员就业。在那个年代,这个词主要用于称呼那些毕业后不求自立,住在父母身边,将自己的全部收入作为零用钱,过着轻奢小资生活的单身人士。这群人自愿将结婚延后。然而,1997年亚洲金融危机之后,非正式雇佣和失业的年轻人数量逐渐增加,想自立、想结婚但无法实现,只能被迫留在父母身边的单身青年开始出现。无法结婚而一直随父母居住,年龄渐长,最终这群人就变成了"中年单身寄生族"。

老人无故失踪问题

根据总务省统计研究所西文彦研究员的分析,35—44岁与父母同住的单身者人数在2012年达到了305万人,且还在持续增加。这些人中约一成是父母平均年龄在70岁左右的失业者,他们依靠父母的养老金生活,因此也可称之为"养老金寄生虫"。

这群"养老金寄生虫"的将来连同2010年备受瞩目的老人无故失踪的问题一起进入人们的视野。长年依靠父母养老金度日的中年子女,隐瞒父母的死讯继续冒领养老金的事件自2000年开始陆续被曝光——没有收入的子女,失去父母的养老金后便无法生存的事情确实在发生——碰巧死去的亲人刚好是该地区最长寿的老人,所以被大肆报道,引起了广泛关注。其实类似的事件早在十年前就已经出现了。

与高龄父母同住的无收入单身者很难被视作社会问题。为什么呢?因为如果有父母的养老金,他们的生活就可以得到保障,上年纪的父母因为有子女在身边照顾,也解决了生病看护难的问题,最重要的是彼此能珍惜对方。但是,父母过世后,子女的生活来源问题,随之而来的还有失去亲人、情感上的社会性孤立问题日益凸显。换句话说,单身寄生族本来推迟的婚姻,不知不觉间演化为推迟到来的生存困境。

家庭如何重组的问题如果被搁置,作为未来主角的迷惘单身者将会不断增加。日本社会已经到了不得不重新定义家庭并进行家庭形态重组的时候了。

贩卖认同的市场
——情感体验产业的可能性

志愿者旅行和女仆咖啡馆

如今有许多志愿者旅行的项目。出国学生的人数整体上在持续减少,唯一一个人数不断增长的项目就是这种志愿者旅行。旅行内容包括从去菲律宾的孤儿院和孩子们玩耍,到去往南部海岛的珊瑚礁潜水回收垃圾等,各种各样。参加该项目的学生在回答采访时说的大多都是"非常感动""无法忘记孩子们的笑脸"等肯定的回答。据说多次参加的回头客也比较多。

这种旅行的价值在于不仅是去游玩,还让学生同时感受到"作为一名志愿者为人类为环保贡献力量的价值"。旅行社看似在售卖旅游产品,实则在贩卖"情感体验"。

一种新型的咖啡馆,就是起源于东京秋叶原,随后广为人知的"女仆咖啡馆"。我曾试着询问一个经常光顾女仆咖啡馆的男生的感受,他说打开咖啡馆的门,就会听到女仆们热情洋溢的问候"欢迎回家,主人",这时就会觉得自己极受重视。这个学生接下来又迷上了"妹妹咖啡厅"。一打开门,身着热裤和T恤的女孩子们就会迎上来:"欢迎回家,哥哥。你今天要喝点什么呢?帮你准备好一杯××哦。"离开的时候会以索要零用钱的方式来结账。于是,我问:"你家里不是有妹妹的吗?"他回答:"我妹从来没给我倒过一杯茶!"

据说在这样的店里,一杯非常难喝的咖啡都要 500 日元,然而当"女仆们""妹妹们"问道:"主人,接下来给您拿杯什么喝的呢?""哥哥,接下来你要喝什么?"即便知道难喝,最终客人还是会一杯接一杯地点饮品。女仆咖啡馆看似是在售卖咖啡,实则是在贩卖"被关爱"这样一种情感体验。

自己被某人需要、被某人关爱,可以说是非常特别的情感体验。这种体验会唤起自我认同的感受,带给人存在论意义上的安全感。它通过市场以商品的形态呈现,这是现代社会的特征之一,也是我所谓的"情感体验产业"繁荣的原因。

存在论意义上的安全感

生活在现代社会的我们,时常被存在论的不安所困扰——这是由克尔凯郭尔、萨特等哲学家在存在主义中提出的问题。

前近代社会中,宗教、共同体对于个体的存在问题基本可以给出答案。若信仰传统宗教或是遵从共同体的规则,就无须烦恼"我是谁"等问题,也不会有自己被孤立的想法。

然而从宗教、共同体桎梏中逃离出来的现代人逐渐被存在论的不安所困扰,自己孤立存在的话,那么对于任何人来说,自己的存在都是不必要的,也没有人会去关心自己的不安。因此,有必要创造自己存在的理由。美国心理学家埃里克森将这个存在的理由称为"自我认同"。

我将自我认同表达为"自己被人需要、被人关爱的信念"。正是确信自己被某人(某物)需要,自己被某人(某物)关爱,我们现代人才能每天安心地生活。

在近现代社会中,固定的工作和家庭正是我们自我认同的核心。如果有固定的工作(包括个体经营、全职主妇在内),就能确信自己的劳动对公司来说是必要的;拥有家人,就能确信有人需要自己、爱着自己。因此,埃里克森的心理社会发展理论中提到，首先在童年，人是在感受到自己被需要、自己被关爱的家庭环境中培育信赖感的。随后，成长到青年期，离开养育自己的家人，找到固定的工作，结婚生子。也就是说，这时需要由自己创造安全感的来源，这就是埃里克森所说的青年期的自我认同危机产生的阶段。一个人若获得了稳定的工作，结婚拥有家庭后，在无极端事件发生的情况下，这个人就可以在存在论的安全感包围下直到死亡。

而埃里克森自我认同理论成立的前提便是孩子能在安定的家庭环境中被养育，青年时期能找到稳定的工作（包括全职主妇），结婚成家。

如果说日本心理学意义上的近代开始于战后的话，那么直至20世纪90年代中期，孩子们都能在安定的家庭环境中成长，并且年轻人都能容易地找到稳定的工作，再结婚生子。这时被通报的虐待儿童事件较少，失业率也低到让人吃惊的程度，个体经营者的生意也相对安稳，未婚率和离婚率都比较低。也就是说，很多孩子是在安定的家庭环境中长大，多数的年轻人不用费力就能在企业找到一份理想稳定的正式工作，结婚生子。那是因为战后到20世纪90年代中期，日本经济持续增长，企业运营状况良好。在经济形势大好的前提下，组建家庭也相对容易。

从这个意义上来说，对于大多数人而言，存在论的安全感是自然而然产生的。如果是男性,在终身雇佣体制下,直到退休都可以感受自己是被公司需要、重视的人,男女都可以通过结婚、养育子女组建自己的家庭。通过成家,可以感受到自己被家人需要、关爱的感觉。

存在论不安的常态化

但是,90年代中期开始的经济状况恶化并非只是一时的恶化,同时伴随着社会结构巨大的转换。在工作上,即便是男性,也面临就业难,只能作为非正式职员被雇用,即使是正式职员也有可能被裁员,如此种种,让人觉得自己在工作中不被人需要、不被人重视的负面情绪不断蔓延。此外,在家庭层面,想结婚也无法如愿,即便结婚了也有可能离婚,让人无法体会到自己被家人需要、被重视,甚至可以说连成家都是一种奢望,这种情况在社会中愈加多见:30—39岁的未婚率男性占比为47.3%,女性是34.5%(根据2010年的国势调查),离婚率是36%,已然是这样的状况了。

也就是说,迄今为止给人们带来安全感的"稳定工作""家庭"因素都变得不稳定,人们不安的感觉增强了。从前,这种不安感集中在找工作、找结婚对象的青年时期,可以说是暂时性的。然而现在就业难、结婚难,不稳定的时期不仅有长期化的趋势,即使成为正式职员、成了家,似乎也无法确保能让人安心下来。也就是说,不安的常态化已然成为社会现实。

众所周知,2008年秋叶原事件[1]的罪犯也是临时工,没有女朋友。

如果感受不到自动供给的存在论的安全感,人们会有怎样的举动呢?

其一,对于有正式工作、已结婚,也就是成家立业的人,他们常常企图牢牢固化现有的社会关系。这就是英国社会学家安东尼·吉登斯所说的"共同依存"在现代社会日益普及的缘由。即便自己身处这种无益的关系中,总比自己不被需要要好。于是,不得不继续身处不利环境。例如,即使在黑心企业被迫超时加班,但这也比非正式职员或不被需要强;即使遭受家暴,也比自己一个人好。人们之所以会有这样的想法,就是因为一旦成为非正式职员,就很难转正,而且想结婚(再婚)也很难如愿的人比比皆是。

此外,没有稳定的工作、无法如愿结婚的人,甚至既有固定工作也有家庭的人,如果感受不到自己被需要、被重视,这些人

---

[1] 2008年(平成二十年)6月8日发生于东京都千代田区外神田(秋叶原)的无差别杀人事件,造成7人死亡,10人不同程度受伤。——译者注

就不得不在工作以外、家庭以外的地方去寻找能带来安全感的东西。近年来,"存在感"在社会上备受关注也是出于这样的原因,其形态各式各样,其中之一就是在网络世界里引起关注。有人在各自兴趣爱好的领域里寻求朋友的慰藉,也有人在市场的供需机制下购买安全感。

情感体验产业的发展

如果日常有没被满足的需求,就会产生满足其需求的市场,这在资本主义社会是一个恒常的规律。如果有结婚的需求,且有这样需求的人数不断增加,那么就会出现提供结婚信息服务的产业。

寻求存在论的安全感的需求如果广泛存在,这本身就说明会逐渐出现满足该项需求的产业。存在论的安全感就是指感受到自己被人需要、被人重视与关心的意识,因此如果有提供这种体验的产业,对此有需求的人自然就会出钱购买该项服务。

上文我提到的志愿者旅行、女仆咖啡馆,正是提供此类体验的案例,宠物产业等也可以归入这个范畴。志愿者旅行参与者在充当志愿者期间不仅可以切实感受到自己的价值,而且可以和一同参加活动的人成为朋友,最终彼此还会在网上聚会、在旅行以外的地方会面(据说也有这样的例子),志愿者旅行就成为给彼此创造存在感的契机。

当然,也有意见认为用金钱购买安全感,并将其市场化这种行为不妥。如果想体验做志愿者就去参加志愿者旅行,如果想被女生关爱就去交女朋友,让她给自己沏茶,这样做有何不可?自然也会有人有这样的想法。但是,既然得到的都是一样的体验,何必低声下气地在志愿者小组打杂?既然交女朋友也要付出成本,直接花钱购买不是更轻松吗?很明显,用钱来买这种体验感,会感觉更轻松愉快。即使这种体验只是一时的,但愿意用钱来购买的人越来越多。为什么呢?因为通过组建家庭、通过工作得到的安全感也逐渐变成暂时性的了。

今后,也会出现各种各样形态的情感体验产业以贩卖暂时性的安全感吧。

断绝亲人关系这一选择的普及
——近代家庭观念的崩塌

称为"近代家庭"的宗教

家人关系也在发生变化吗?每当老人无故失踪、"孤独死"等事件被报道时,我都不禁思索:现代家庭正在发生变化。日本老年人有2 000多万,平均每年有100万人去世。然而,失踪、"孤独死"的老人从总人数上来看仍属于少数。这样的事件与大多数老年人没有关系。

虐待儿童事件也可以说大致如此。2010年,有记录的虐待儿童事件数量超过4万件,大约是20年前的100倍。从以上数据来看,日本育儿家庭已深陷危机。但是,养育未满6岁幼儿的家庭大概有1 000万户,虽说虐童事件有所增长,但增长只占总人数的0.4%——从这个数字来看,总体上还是健全的。

相较于离婚夫妻每年有20万对、与父母同住的未婚中年人有305万人(35—44岁,2012年),这些数据其实只是一个非常微小的数字。

老人"孤独死"、虐待儿童事件从量上来说是小概率事件,尽管如此,经报道后舆论却一片哗然,这是为什么呢?这是因为大家认为这样的事情是不应该发生的。

近代社会中,家庭关系是一个特殊的存在,因为人们认为这是一种自然的共同体关系。有血缘关系的亲子,特别是母子,普遍被认为是基于人的本能构筑的一种关系,父母为了子女,牺牲自己也在所不惜;子女为了父母,什么都应该愿意去做。家人以外的关系,按照利益得失,也就是可以根据个人的利害关系来决定;如果是家人,就必须不考虑利益得失而互相关照彼此。也就是说,人际关系按照家人和外人来区分,家人是共同体的关系,外人是冷漠的利害关系。

我们所处的现代社会是建立在亲子、夫妻之间有爱这个前提下。因为有爱,所以为了家人应该什么都能做,家庭应该自动兼具"幼有所养,老有所终"的社会福利功能,这种爱应该在有血缘关系的亲子、结婚了的夫妻之间自然生成。

大约二十年前,家庭社会学领域曾经盛行过这样一场争论:母爱不是本能,而是进入近代社会后被创造出来的。在前近代社会,我们现在普遍认为的家人之间为了彼此什么都应该去做,这样的感情是基本看不到的。虽然不是我们所期望的,但是从前杀死幼儿、买卖孩子、遗弃老人等事情反倒司空见惯,没有爱情的夫妻也很常见。

因此,在近代社会中,"如果是家人就应该自然地产生爱意,彼此之间有爱就应该主动地照顾彼此"这样的想法可以说近乎一种信仰,相当于宗教。但是,即便是宗教情感也有一个限度。夫妻之间因为彼此没有血缘关系,所以爱意消散也是没办法的事。因此,就算离婚人数增多,在情感层面也并未招致人们太多的抵触。此外,如果虐待儿童的主角是继父,虐待老人的是女婿、儿媳妇这类没有血缘关系的人,也不会引起人们太多情感上的波动。这是因为人们认为,没有血缘关系,彼此间也就没有办法产生爱意,这是无可奈何的事情。但是,有血缘关系的亲子间,自然就会产生爱意,这种近乎信仰的观念还深深地残留在人们的心里。

不过,由亲生父母施暴的虐童事件,亲生子女虐待自己的父母,对需要看护的老人不管不顾导致的老人无故失踪问题,却将亲子间的爱也是后天培养的这样一个事实赤裸裸地摆在了大众面前。因此,此类事件虽然数量较少,但经由媒体大肆报道后加剧了人们对家庭关系的不安感。

近代社会福利的前提

我们如今的社会制度是在"亲子之爱与生俱来,家人之间为了彼此什么都会愿意去做,哪怕是牺牲自己"这样的观念上构建的,特别是日本现行的福利制度就是以此为前提构建的。

大致说来,日本社会所仰仗的就是这样的前提:一个人总会有需要被照顾的时期,从时间段上来看,主要是儿童时期、老年时期,还有患病或者身心残疾的情况。也就是说,儿童、老年人、病人或者残障人士都是需要有人照顾的。

近代社会认为,如果家里有健康的成年人,这些需要照顾的人理应由自己的家人照顾,社会正是以此为前提构建的。准确地说,有一个设定好的前提,那就是只要这些需要照顾的人有家人,那么家人哪怕牺牲自己也应该去照顾。

因此,社会福利机构首先为陷入不幸且没有家人的人提供服务。例如,失去父母的孤儿、没有伴侣或者子女的孤寡老人等。

此外,针对有家人但情况特殊,无法承担照顾家人责任的人也给予帮助。例如,对于单亲家庭中想要照顾孩子但手头拮据的父母,以及与父母分居两地、无力照顾父母的年轻人,社会福利机构也开始提供援助。进一步说,就像看护保险那样,因为看护老年人是一件辛苦的体力活,所以不把负担全部甩给各个小家庭,而是着手建立减轻各个家庭负担的制度。但是从我们现行的制度可以很清楚地看到,即使有可以照看的家人,这并非是一个完全不给家人增添负担的制度。

但是,日本现行的福利制度承认有想照顾却无法做到、有照顾意愿却费心费力的人,却没有假设虽然是家人,特别是有血缘关系的亲子,却不想履行照顾职责的人存在。这也与虐待儿童、虐待老人、老人无故失踪问题有着密切的关联。

家庭的个人化
——放弃家庭的自由

我们再次整理一下现代家庭关系成立的前提。这种观念就是：家人间自然有爱,有爱就会想去照顾需要照顾的家人。

也有人说亲情淡漠了,但是现实中认为家庭是必需的人并未减少。其实很多人都希望自己需要照顾时,有人能满怀爱意地来照顾自己。并且他们也想如果有人能心怀爱意来照顾自己,自己也可以牺牲自我给他们同样的回报。

那么,到底是什么变了？那是放弃家庭的自由,更准确地说,应该是当爱消逝的时候可以放弃做家人的自由。

以夫妻关系为例来思考。进入现代社会,选择结婚对象的自由很快普及。因为爱情而结婚被认为是理所当然的,因为有了爱,为了爱人可以牺牲自我的意识已经深入人心。但是,现实是：即便是爱人,爱情也不是永远不变的。的确,直到现在,"因爱结婚,爱意更浓"这样的意识仍然根深蒂固。不过,随着现实里感受不到爱意的例子增多,"并非每对夫妻都会自然地产生爱""爱情需要努力经营"这样的意见出现的话,那么离"不爱了就放弃家庭"这个选择也就只有一步之遥了。并且其结果就是,因为爱情无法维系这样的理由而离婚的夫妇增多了。

"爱意与生俱来"的观念,在亲子关系中比在两性关系中更加深入人心。特别是母亲对孩子的爱,被冠以"母爱"的名义并神圣化了。但是,现实里对亲生子女没有爱意的母亲、对亲生父母没有爱意的子女也逐渐进入人们视野。尽管如此,社会上大多数人还是认为爱意是自然产生的,并且各种社会制度以此为前提进行设计,而慢慢暴露出的矛盾就以近年来老人无故失踪、虐待儿童、虐待老人等问题的形式显现出来。

试看针对此类事件的相关报道,争论的焦点始终集中在为何没有及时发现、管理部门应该介入到何种程度等方面,家人不愿照顾的原因始终都未提及。因为如果真的去讨论其中缘由,家庭之爱并非与生俱来的事实就将大白于天下,因此不得不对此三缄其口。

越来越多的人不愿努力去爱

现实生活中,有很多无法爱孩子的父母和无法爱父母的子女。在普世价值观"亲子之爱与生俱来"的论调下,很多人开始努力去爱。这一行为被社会学家称为"情感劳动"。大多数情况下,人们会通过这样的努力尽心照顾,直到将孩子养育成人、父母去世为止。

那么,人们不愿努力去爱的状况变得普遍到底是为什么呢?

我在20世纪90年代针对与父母同住的20多岁年轻人展开调查的时候,同时也对他们50多岁的父母进行了采访。那时,从这些单身青年的父母们那里最常听到的话就是"我是一个不被父母疼爱的孩子"这类尽是童年悲伤的回忆。出生于40年代,大多出生于地方城镇的他们来到东京打拼,然后结婚生子组建小家庭。他们完全没有受到父母特别的关爱,其他人的父母会买很多东西给小孩,唯独自己什么都没有。也有人拿哥哥姐姐对比,他们可以去考更高一级的学校,父母却不让自己报考;虽然是亲生父母,却偏爱其他兄弟姐妹,自己从未受到疼爱,感觉是被抛弃的孩子。有这样感受的人数之多,让我非常吃惊。

现在这代人已经70多岁了。这些至今都对父母当年不疼爱自己而心存怨恨的人,如果恰好需要由他们去照顾年迈的父母,他们还会努力去感受父母之爱吗?丢下孩子放任不顾,到老了需要人照顾时,又开始叫嚣着让子女去努力体会亲情,这种行为太自私了。于是就出现了老人无故失踪和虐待老人事件。

虐待儿童的情况也是如此。在亲子关系中,在经济和心理层面都没有精力去经营家庭之爱,即使努力,将来也不会变好,一想到这些,选择放弃家庭的父母今后肯定会越来越多。

但是现行的社会福利制度却没办法解决这类问题。和孩子同住的老年人过去构筑一种怎样的亲子关系,对于他们今后和自己子女间的亲子关系有决定性的影响。社会福利机构相关人员应该清楚地认识到,现在已经不是以"只要是家人就自然有爱,有爱就愿意照顾彼此"的观念来处理问题的时代了。

家庭构成出现差距的时代
——单身寄生族的末路

日本与欧洲少子化的区别

虽说同样是少子化,但是不能把日本(乃至东亚)和西北欧(英、法、德、北欧、荷兰等)的少子化相提并论。直接来说,西北欧的少子化是年轻人的生活方式多样化引发的;而日本的少子化正好相反,是年轻人没有可选择的生活方式导致的。

截至20世纪60年代前后,即便是在欧美发达国家,家庭分工一般也是男主外、女主内。但是,西北欧从60年代以后就开始出现了"生活方式革命"。随着女性主义等思潮的影响,女性开始脱离传统的家庭方式,开始有诸如婚前性生活、未婚同居、婚后继续工作等新选择,可以尝试各种生活方式。结果,选择不生孩子或者只要一个孩子的年轻人增多,少子化现象因此开始出现。这样的社会现实与女性在事业上实现自我的意识高涨、年轻人离开父母自立以及男女交往活跃等因素相关。

日本的情况和西北欧有很大的不同。尽管社会一直处于变革当中,但传统的家庭意识(男主外,女主内)在年轻人的观念中依然根深蒂固,所以引发了少子化。在日本,婚前的性关系已经被允许,从这一点来说多少有些进步。但是,生活方式的变革、女性主义并未真正渗透进日本社会。例如,现在日本未婚年轻人的同居率还不到2%(2010年为1.6%),非婚生子女的出生率也只有约2%(2008年为2.1%),二者都非常低。

虽然活跃的职场女性开始出现,但不论已婚或未婚,从事临时、派遣等不稳定工作的女性还是很多。其结果就是女性即使工作了也无法自立,经济上不依靠丈夫就无法生存的状况其实并未发生变化。并且,就如我所称的"单身寄生族"那样,他们中的大多数成人后仍然和父母同住,男女交往也不活跃。

重要的是,单身者中希望结婚的人所占的比例较高。未婚率上升是20世纪80年代以后的事,数字多少有些上下浮动,但总体保持在总人数的90%左右,这是一个非常高的比例。也就是说,即使有想结婚以构建传统模式家庭(男主外,女主内)的想法,但是不具备现实条件,因此不婚不育的人逐渐多了起来,这便是不婚化,也连带导致少子化现象。因为无法顺利组建家庭的年轻人增多了,所以日本的孩子变少了。

结果就是家庭构成上没有根本的变化,但是"家庭构成的差距"开始产生。也就是说,社会开始分化为按照传统方式组建家庭的阶层和无法组建家庭的不婚阶层。年轻人分裂为两个阶层,这种状况也是现今日本家庭构成的一个特色。

男女交往不活跃

首先,日本的少子化主要是由不婚化,也就是不结婚的人数增加引发的。虽然近年来已婚夫妇生育孩子的数量有减少的趋势,然而影响更加显著的是不婚化、晚婚化的倾向。并且,日本的不婚化也含无交往对象的意思。在日本,男女交往并不活跃。未婚的年轻人中有恋人的比例在1990年以后降到了40%以下,到2010年,这一数字甚至一度低到男性24.6%,女性34.0%。但现实就是如果男女不成为情侣继而成为夫妻,就无法生育孩子。现代日本社会,结婚难自然不用说,就连成为情侣的可能性也变弱了。

男女交往不活跃的其中一个理由就是大家都认为恋爱、结婚以后是家庭生活,这样的意识现在仍然牢固地存在于人们的观念之中。男女交往开始之前,便倾向于只和有能力结婚并共同生活的对象交往。

"依靠丈夫的收入生活"是多数派

虽然社会上流传着因想继续工作而不结婚的女性数量增加而导致不婚化的说法,但是这种情况在日本只能对应一部分女性。这是因为,根据民意调查,回答"因为工作不想结婚"的女性只是少数派。另外,通过调查也可看到,女性婚后在经济上倾向于依靠丈夫的意识比较强烈。此外,也有调查数据显示,进入2000年后,20多岁的年轻女性中立志做全职主妇的人数逐渐变多。

婚后的生活是需要金钱来支撑的,认为婚后理所应当依靠丈夫的收入维持生活的未婚女性至今仍然是多数派。当然,即使女性婚后继续工作,如果丈夫收入不高,也会觉得无比困扰。根据调查结果显示,大多数女性在寻找结婚对象时都会考虑对方的收入、职业,特别是近年来更有加强的趋势(国立社会保障与人口问题研究所)。

根据我与明治安田生活福祉研究所共同开展的有关单身者的调查显示,在问到结婚对象年收入的期望值时,男性回答"无所谓"的占大多数,女性则有较强的追求高收入男性的倾向(参照图2-2),希望结婚对象年收入超过400万日元以上的女性占到了68%,超过了总人数的三分之二,而现实是年收入超过400万日元的男性只占未婚男性总数的四分之一。对比这两幅图,我们可以清楚地看到,女性对于结婚对象年收入的期望值和现实中男性的年收入之间出现了失衡的情况。

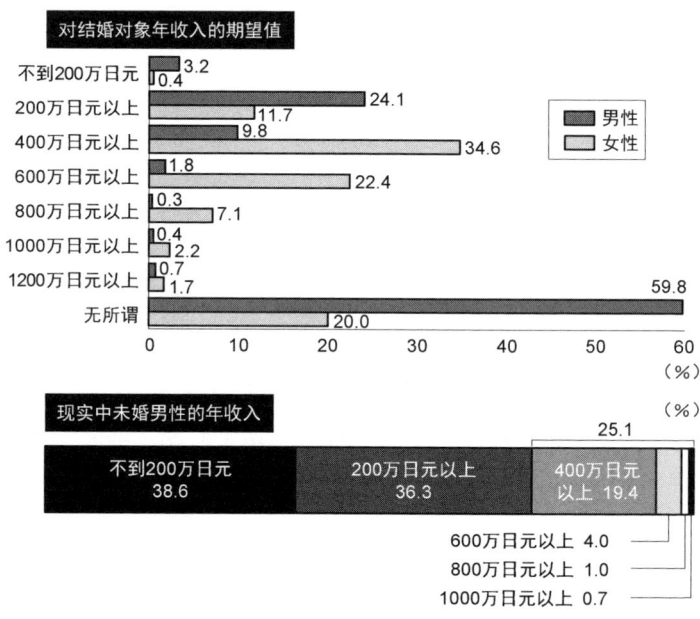

图2-2 对结婚对象年收入的期望值和现实中未婚男性的年收入对比图

出处:明治安田生活福祉研究所《生活福利研究》号。数据出自2010年的结婚相关调查(根据全国网络上20—39岁,共4 120名单身者的回答)。

年轻男性的收入低下、两极化、不稳定

如图 2-2 所示,能达到未婚女性对未来配偶年收入期望值的男性较少,这才是不婚化的主要原因。对于女性而言,婚后要维持传统的家庭形态,也就是男主外、女主内,符合条件的未婚男性的绝对数量正在变少,希望组建传统家庭而无法实现的年轻人数量正在增加。

这是因为年轻男性的收入相对变低(自 1974 年起),还出现了两极分化(自 1997 年起)的趋势。自从 1973 年的石油危机以来,年轻男性相对地收入下降,同时,自 90 年代后半期开始,随着经济结构的转换,"非正式就业"现象正在年轻劳动者间愈演愈烈。其结果就是使得成为公司正式职员、工作收入稳定的年轻人和作为非正式职员、工作收入都不稳定的年轻人之间产生了巨大的差距。这也与家庭构成之差距的形成有关系。也就是说,拥有正式工作和稳定收入的男性会更容易结婚,以组建男主外、女主内的传统家庭。然而,从结婚对象层面上来看,因非正式职员等雇佣形式收入不稳定的男性,就会被剩下,一直处于无法结婚的状态,后者的数量在近 20 年间不断增加也是结婚人数减少的直接原因。

如图 2-3、图 2-4 所示,90 年代以后,单身者中正式职员

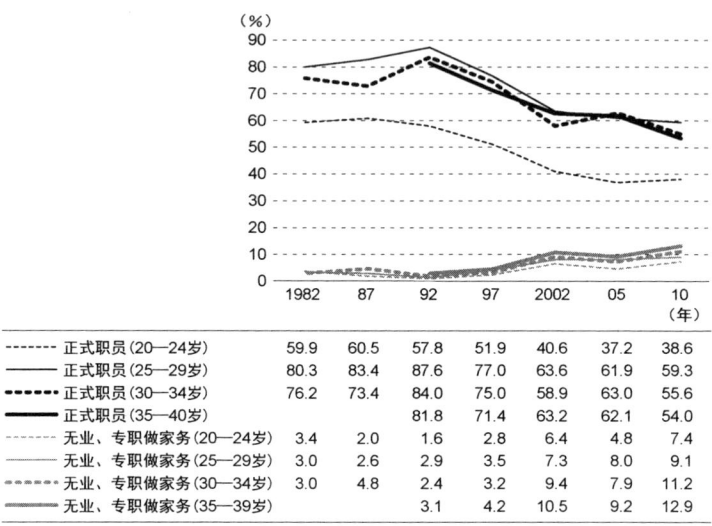

	1982	87	92	97	2002	05	10 (年)
------ 正式职员(20—24岁)	59.9	60.5	57.8	51.9	40.6	37.2	38.6
─── 正式职员(25—29岁)	80.3	83.4	87.6	77.0	63.6	61.9	59.3
■■■ 正式职员(30—34岁)	76.2	73.4	84.0	75.0	58.9	63.0	55.6
━━ 正式职员(35—40岁)			81.8	71.4	63.2	62.1	54.0
------ 无业、专职做家务(20—24岁)	3.4	2.0	1.6	2.8	6.4	4.8	7.4
─── 无业、专职做家务(25—29岁)	3.0	2.6	2.9	3.5	7.3	8.0	9.1
■■■ 无业、专职做家务(30—34岁)	3.0	4.8	2.4	3.2	9.4	7.9	11.2
━━ 无业、专职做家务(35—39岁)			3.1	4.2	10.5	9.2	12.9

图 2-3　未婚男性的正式雇佣率和失业率

出处：国立社会保障与人口问题研究所第14次出生动向基本调查。

的比例持续走低，而失业率在男性中却逐渐增加，在30—39岁的未婚男性中每9人就有1人是没有工作的。

单身寄生现象

如果像欧美那样大多数成年未婚男女都是一个人生活的话，情况会有所不同吧。一个人生活是辛苦，但是两个人的收

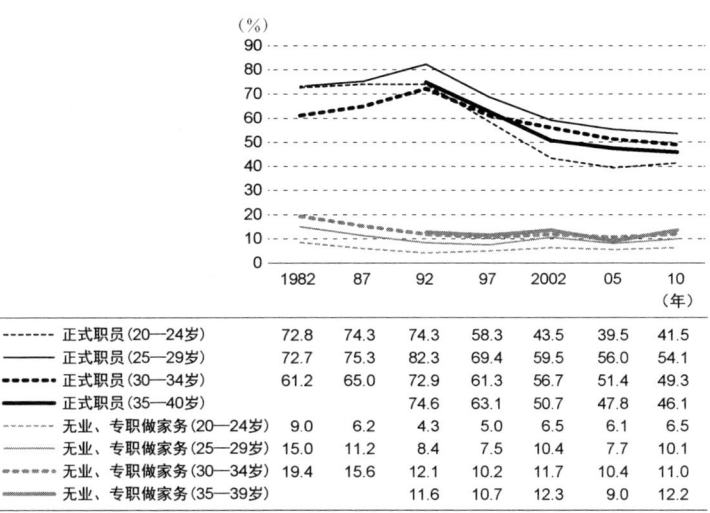

图 2－4　未婚女性的正式雇佣率和失业率

出处：国立社会保障与人口问题研究所第 14 次出生动向基本调查。

入加在一起总能应付过去，这样的情况会促使结婚、同居人数增加，进一步促进女性活跃于职场。

但是在日本，大部分单身者即使在成年之后仍然和父母同住（预计人数约为未婚成年人总数的八成）。我认为这样的状态就如同寄生在父母身边生活一样，因此我将其称为"单身寄生"（1997 年《日本经济新闻》报道）。自己的收入较少，但是和父母同住的话生活是没有问题的。非正式职员的收入对于一个人生活或者结婚自立生活来说有些勉强,但是和父母同住,并将自己的收入作为零用钱使用的话,就可以过得比较轻松。

特别是女性,在遇到理想的结婚对象之前,可以名正言顺和父母同住。与其和收入不稳定的男性交往,不如在父母身边慢慢等待理想的结婚对象,这也许正是日本男女交往不活跃的原因。当然,也有部分女性和拥有稳定收入的男性相遇结婚,离开父母身边。但是,收入稳定的男性数量有限,所以大多数女性还是继续待在父母身边。

收入不稳定的男性也继续留在父母身边,等自己收入变多或者遇到不在意自己收入的女性就结婚——然而这样的情况基本很少出现,所以一直和父母同住的人就增多了。

图2-5、图2-6展示的是与父母同住的未婚青年和中年人的人数及在同龄人中所占比例的变化,1980—1995年人数和比例同步上升,2003年迎来人数峰值,达到了1 200万余人。随着这一代人口的减少,即使与双亲同住的青年在数量上的确是减少了,然而在同龄人当中所占的比例至今仍然在不断上升。

性别分工模式已到极限

以上的不婚化状况表明,从战后到经济高速增长期,在日本得以普及的家庭模式,如今已到极限。这里所说的家庭模式

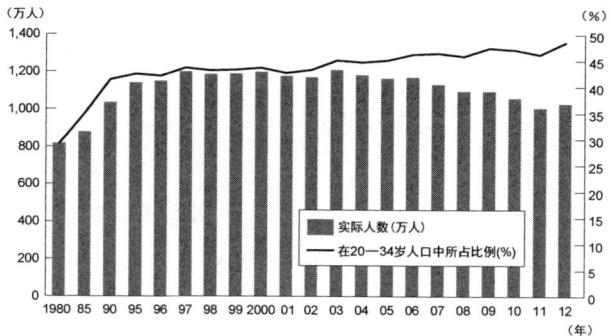

图 2-5　与父母同住的未婚青年人(20—34 岁)数据变化

（全国 1980、1985、1990、1995—2012 年）

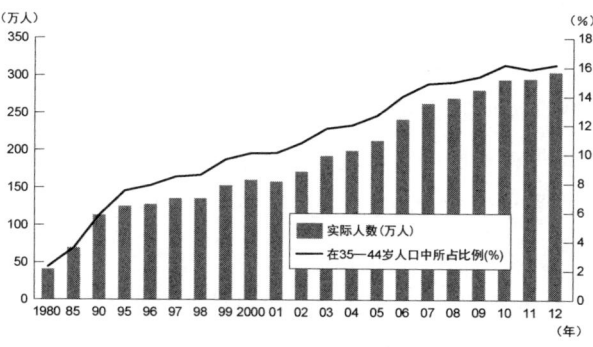

图 2-6　与父母同住的未婚中年人(35—44 岁)数据变化

（全国 1980、1985、1990、1995—2012 年）

注：以上二图所取数据均为各年 9 月的数值。
出处：总务省统计研究所西文彦研究员的汇总数据。

便是"男主外、女主内,共建富裕家庭",这样的家庭模式男女分工明确。目前所面临的问题主要是,年轻人中间能够组建传统家庭的人和无力组建而停留在单身状态的人之间正在产生差距。

在经济高速增长期,年轻男性基本都能成为正式职员,收入稳定且稳步增长,因此基本所有的年轻人都能组建传统的家庭。但是,自1973年的石油危机起,年轻男性的收入增速减缓。于是,年轻女性因考虑到婚后生活的稳定性,就将结婚延期至男性的收入提高之后(晚婚化)。延期结婚之所以可行,是因为经济上相对富足的父母允许他们的子女成年后仍然和他们一同居住,于是就诞生了单身寄生族。此外,已婚女性在烦恼丈夫的工资无法上涨的情况下只有自己出去打零工补贴家用。这也促进了已婚女性就业。这个时期,可以说按照性别分工共谋富裕生活的家庭模式还没有崩溃,而是进入了一个微调整的阶段。

但是,20世纪90年代后期,特别是自1997年的亚洲金融危机之后,被称为自由职业者的一批非正式雇佣的年轻人突然增多。经济结构转变期到来,年轻人越来越难获得正式工作。但是,如果是正式职员,在终身雇佣体制下就能获得一份稳定的保障,于是一个正式职员和非正式职员差别越来越大的时代就到来了。成为正式职员的男性可以组建从前男主外、女主内的传统家庭;而非正式职员的男性,仅凭自己一个人的收入无法确保给妻子优越的生活。结果就导致了不婚化,继而产生少子化,这一问题前文已经讨论过。

阻止社会两极分化的对策

那么,今后该怎么办呢?有丈夫稳定收入所支撑的家庭,生活模式会和从前一样吗?——并非一点问题都没有,但至少可以按照目前的水准生活下去。

但是,今后将有很多和父母同住的单身者步入中老年,这就会形成老年人和中老年子女同住的家庭。根据总务省统计研究所西文彦研究员的汇总数据显示,与父母同住的未婚中年人(35—44岁),截至2010年有295万人,占该年龄段总人口的16.1%,且这一数字还在不断增加(图2-6,注:2012年达到305万人),他们的失业率比同年龄层的已婚者高出很多。

现在他们还可以依靠父母的养老金和资产生活,但是父母去世后会变成怎样,现在还不得而知。此外,目前虐待老人的事件数量一直在增加,其中施暴者为同住的未婚中年儿子的案件也在增加,这也是新家庭形态引发的问题。

此外,目前正处于育儿阶段的家庭也面临一些问题。迄今为止,中老年父母在经济上还算富足,因此还可以帮衬一下低收入子女。但今后这些子女很有可能会因为父母的贫富差距而出现两极分化。可以预见,到那时无法依靠父母、工作不稳定的年轻人中很多会陷入贫困。也就是说,会出现想结婚但结不了、想寄生也无以为寄的年轻人。

长此以往,各种形式的断层与分化不断发展,必然使整个社会出现裂痕与隔阂。年轻人自不必说,包括中老年寄生族在内的雇佣、社会保障等制度应该加以充实和完善,政府应该及早考虑应对方案。

第三章

扭曲的年金制度扩大了
老龄社会的差距

落后的年金制度
―― 年金积分制的导入

亚洲的"年金村"

据说在东南亚某国,有一个被当地人称作"日本年金村"的地方。那里并不是常见的日本退休夫妇移居的休闲度假村,而是丈夫去世、带着孩子的女人,依靠定时从日本汇来的遗族年金[1]生活的地方。

据说有婚介所负责撮合丧偶或未婚的老年男性和东南亚女性结婚。他们针对日本独居老年男性的宣传语是:"您可以和年轻温柔的女人结婚,婚后也有人照顾您的起居,所以无须担心看护问题。"另一方面,他们向当地的年轻女子宣传:"婚后可以一生衣食无忧。"目前日本和该国在经济水平上仍存在巨大的差距。在日本只能维持最低生活水平的收入,在这里可以过上相当富裕的生活。因此,据说即便是20多岁的女子也愿意和70岁的日本男性结婚。丈夫去世后,妻儿仍可以依靠遗族年金生活。因此,

---

[1] 遗族年金是国民年金或厚生年金保险的原被保险人的遗属可以领取的年金。——编者注

可以领取数目可观的厚生年金（共济年金）的日本男性比较受欢迎。相反，无法领取厚生年金的男性如果征婚，则会遭到当地女子的拒绝。打算和日本男性结婚的女子对日本的年金制度了如指掌。根据日本的遗族厚生年金制度规定，作为配偶的女性只要年满30岁，就可以领取遗族年金直至去世。即使是外国人，只要女方不再婚，都可以领取。如果两人还有孩子，且孩子尚未成年，那么母子都可以领到遗族年金。母亲可以在富足的条件下抚育孩子（具体听取非常了解东南亚的友人叙述，以及参照了濑川正仁的著作《老后，男人们向亚洲挺进》，罗勒出版社，2008）。

我接触到的一个例子是，一个在日本与比自己大20岁的男性结婚的东南亚女子，生了4个孩子后丈夫去世，30多岁的她带着孩子们回到了自己的国家（非前文提及的"年金村"所在国家），在当地建了一所豪宅，仅依靠日本的年金就可以过着富裕的生活。今后，距离她去世至少还有30年的时间，在这30年间，日本政府必须持续每年支付约200万日元。如果以一种戏谑的眼光来看，我们国民支付的年金保险费，正被用来支付给东南亚的单亲妈妈家庭，这就是日本的福利制度。

遗族厚生年金作为一种制度，主要是让工薪阶层家庭的全职主妇在丈夫退休后，与丈夫一起进入年金生活阶段。如果丈夫先于妻子去世，妻子一个人的基础年金无法保证其正常生活,那么在妻子去世前遗族年金能保障其基本生活。这也是大多数女性无法以自己的名义开设年金账户的时代遗留问题。遗族年金对男性差别对待——如果是被妻子供养的男性,妻子去世后也必须自食其力到 60 岁才能领取遗族年金。也就是说,即便是被妻子供养,如果不到领取年金的年纪,男性也必须自食其力;而女性因为无法自立,所以由国家负责供养(后来制度变更,女性如果未满 30 岁,则只能领取 5 年的遗族年金——可以认为这种变更的宗旨是,女方未满 30 岁可以领取 5 年,如果其间再婚或找到工作,就鼓励其自食其力)。

此处列举"年金村"的例子,并非是想指责非法利用年金制度的做法,也非意在提醒领取厚生年金的单身男性注意,仅是以此为例表明现行年金制度已跟不上时代发展。

现行年金制度的漏洞

人们对于年金制度的讨论已持续多年。从意识到由少子老龄化引发的年金财政危机开始,国民年金应缴费用滞纳率升高,年金记录消失[1]等与年金相关的各种问题层出不穷。

---

1 2007 年 5 月披露的由于婚后姓名变更、单纯的输入错误等导致约 5 000 万条年金缴费记录遗失的问题。——译者注

然而，依我看来，截至目前所做的讨论并未抓住问题的实质。这是因为我们展开讨论时罔顾构成现行年金制度根基的前提条件已然崩溃，但目前的讨论仍基于这些先决条件。

据推算，"丈夫是公司职员，妻子是全职主妇"（典型的模范家庭）的年金是工作时期收入的50%。然而，现今契合这种试算模式的家庭实际占多大的比重，却并无与此相关的调查。对于60岁前后、即将开始领取年金的夫妇（他们那代人中有90%已婚且全职主妇占多数），前文提及的试算模式也许还有价值（然而，并无针对现今不断增加的熟年离婚[1]的年金试算金额）。对于现在的年轻一代又是一个怎样的情况呢？根据国立社会保障与人口问题研究所的推算，现在20多岁的年轻人终身不婚率高达25%以上，同时近乎三分之一的夫妇会离婚。换句话说，现在的年轻一代中，结婚且不离婚的夫妇还不到总人数的一半，在这接近一半的人当中，一生维持"丈夫做公司职员，妻子做全职主妇"模式的家庭就更少了。也就是说，模范家庭的年金试算只适用于一部分年轻人。

关于个人负担的年金保险费和能够领取的年金额度的比值也经常被讨论。实际上，这也是以"丈夫是公司职员，妻子是

---

1 熟年离婚主要指婚龄20年以上的55—65岁夫妇离婚的现象。——译者注

全职主妇"的家庭模式为前提进行的试算,在这个试算公式中,包含了全职主妇的基础年金保险费免除额。也就是说,与"丈夫是公司职员,妻子是全职主妇"的家庭相比,双职工家庭支付的保险费用和年金支取比例存在明显劣势,但与此相关的报道几乎没有。

现今,家庭形态和职业形态都已多样化,有一生未婚的自由职业者,有离婚再婚的人,甚至还有结婚两次离婚两次又恢复单身的人,此间还有主妇、被雇用者、自由职业者等有着多种多样职业规划的人出现。这样的情况下,以模范家庭为前提展开的年金试算等是否还有意义呢?

消失的年金记录问题也源于家庭形态和职业形态的多样化。在"丈夫是公司职员,妻子是全职主妇"的家庭,只要丈夫始终供职于一家公司且不离婚,那么年金记录很难会有遗漏。但是如今换工作、失业、离婚、再婚……有不一样人生经历的人越来越多,特别是女性,以各种工作方式频繁更换工作场所的人很多。因此,未被统一登记而最终消失的年金记录也变多了。

家庭和工作状况发生了巨大变化,然而,作为年金制度前提的家庭、工作模式却没有改变。不仅如此,连保险费用征收、年金支付体系等也无改变。正如前文提及的遗族年金的例子所示,在这种一成不变的体制下会衍生出很多奇怪的案例。单独拎出来看只是一个一个的小矛盾、小问题,然而不断积累,最终就成了一个有很大缺陷的制度。其根本原因在于现行的年金制度是以领受人的工作、家庭始终稳定为前提的,但现实状况是领受人的工作和家庭处在越来越不稳定的状况中。事已至此,对制度局部的修改调整已经无法赶上现实状况的变化了。当初制定遗族年金时,设计者一定没有料想到现在加速中的全球化进程、高龄独身日本男性和亚洲其他国家女性国际婚姻案例增多等诸多现实。

在这种不稳定化的背景之下,受影响最大的是年轻人。现行的年金制度对于当今的年轻人来说极度不合理的部分越来越多。我们先从年轻人的年金保险费用支付的问题来看一看现行年金制度存在的矛盾点吧。

无法与非正式劳动相对应的国民年金保险费

"就连五年后的生活都无法预测,怎么操心五十年后的事情呢?"

除了正式职员、正式公务员(第 2 号被保险人)、收入在规定数额以下的参保人配偶(第 3 号被保险人)以外,凡满 20 岁的日本国民都是第 1 号被保险人,三者都必须支付全国统一金额的保费(2013 年每月大约须支付 15 040 日元)。不论是年收入100万日元的自由职业者,还是年收入高达1亿日元的私营诊所(医院)的医生,都支付相同金额的保费。如果交付保险金的时间相同,那么领取金额也是一样的。这乍看似乎是个非常公平的制度。

每月支付15 040日元,每年大约18万日元,这样一笔钱对于私营诊所(医院)的医生来说可能是一笔微不足道的支出,然而对于年收入只有100万日元的自由职业者来说却是一笔很大的开销,他们是没有能力来负担这笔钱的。对于依靠低薪过活的人来说,如何保障眼前的生活才是最要紧的。数年前,我曾经问过一个30多岁、自食其力但未交年金保险的自由职业者:"不交保险,你不担心老了以后的生活吗?"那时他的回答就是本节开篇的那句话:"就连五年后的生活都无法预测,怎么操心五十年后的事情呢?"要求一个仅为应付眼前生活都已经筋疲力尽的人去担心老后的日子,这本身是毫无意义的。如果是一个人生活,首先要保障每日的生活费,此外考虑到生病的风险,就必须额外缴纳健康保险费,这样一来,有关保障五十年后生活的经费投入只能搁置了。

如果就以上问题咨询厚生劳动省的负责人,他们会回答说可以申请"免除保费"的福利。然而,免除不过是一时的权宜之计罢了,它只是面向学生和暂时失业者设置的制度,是填补从辞职后到再次找到正式工作期间收入空白的一种措施。如果后期不补缴欠下的年金保险费用,那么未缴部分就不计入今后年金领取的金额里。如果长期从事低收入的非正式工作,一辈子享受年金免除待遇的人退休后每月可领取的年金大约仅有2万—3万日元(国家缴纳的部分),仅凭这些钱是无法正常生活的。因此,如果没有一定资产,远不如申请低保来得实际。所以,即便在一定的时期内多少缴纳过国民年金保费,支付的保费最终打水漂的可能性也很高。

也就是说,现行的年金制度是以"没有人靠长期从事非正式工作来维持生活"为前提设计的。然而,非正式雇佣的年轻人在增多,且自身很难从这种困境中挣脱出来,这一社会现实正是很多人不交年金保险费的最主要原因。

现在我们来考虑一下非正式雇佣、独自生活的年轻人的情况。如果是男性,近期可找到正式工作的话,即便当下不勉强自己缴纳保险金,转正后加入厚生年金,问题也就随之解决了。如果长期作为非正式职员工作,不缴纳保险费,到了老年申请低保绝对比零星缴纳年金保险从而领取低额年金划算。如果是女性,嫁给有正式工作的丈夫,便可以作为参保人配偶,即便存在些许未缴纳的年金也无大碍。如果丈夫亡故,自己还可以领取遗族年金。"反正我会早死,不需要领年金!"一个30多岁的自由职业者曾这样说道。诚然，在65岁前死去的话，缴纳的年金保费就付诸东流了。如果活过65岁，大可以申请低保来保障自己的老年生活。

所以，对于年轻的非正式雇佣者来说，不缴纳年金保险费的选择反而成了一个合理的举动。

替孙子支付年金保险费的年金领受人

有的观点认为，年金不应该是一个用来衡量利益得失的对象，而应该是年轻一代人支撑退休一代人，代际间互助的一个体系。

然而，如果我们看了以下的例子，可能就不会这样认为了。社会保险厅曾经出版过一本叫作《年金》的杂志。这本杂志上曾经连载过寻访年金滞纳者催缴费用的"年金推进员"的日记。日记中曾经提及针对年轻滞纳者的撒手锏就是将催缴目标转移到其父母。因为在日本，一个人生活、非正式雇佣的年轻人很少，他们中有80%以上都是和父母一同居住的。针对未婚的年轻人，不用直接找本人催缴费用，只须对着他们的父母说："如果现在您的孩子不缴纳年金保费的话，一旦遭遇了什么意外成为残障人士，你们是无法领取残障人士基础年金的哟！"最后父母因爱子心切，只好心不甘情不愿地缴清了滞纳部分的年金。其中最让人错愕的是还有祖父母替自由职业者的孙子缴付年金保费的案例。

现在,最需要各代人施以援手的其实是众多非正式雇佣、低收入的年轻群体。正如前文所述,也有不少领取厚生年金的祖父母远比非正式工作的孙子收入高的例子。然而,目前的年金制度一律片面地认定在职的一代人就是强势群体,退休的一代就是弱势群体,所以仍然让低收入的非正式就业的年轻人必须支付一定额度的年金保费。看到这样的现实,现行制度还能说是代际间的互助吗?

丈夫是自由职业者,妻子须缴纳年金保费

除了上述问题,年金体系里存在着对非正式雇佣者家庭来说雪上加霜的问题。这里指的是不适用第3号被保险人条款的无收入家庭主妇的情况。

众所周知,正式职员(包括公务员)的配偶若收入低于一定额度,可以被认定为第3号被保险人,即使不缴纳年金保费也视同已缴付,也就是说,她们一日元都不用支付就能享有领取基础年金的权利(因第3号被保险人大部分都是女性,所以下文统称为全职主妇)。这一群体的保费由全社会共同买单,并非从其丈夫的薪金中扣除。男性不论是单身还是夫妻共同工作，缴纳的保费是相同的金额。当初制定将全民都纳入体系内的年金制度时，就是考虑到了强行让没有收入的主妇支付保费是不现实的，她们承担家务、育儿也是在为社会做贡献。

然而，这正是问题所在。全职主妇并不等同于第3号被保险人。也就是说，同样是家庭主妇，如果不符合第3号被保险人的要求，即使没有收入，也必须缴纳年金保费。

我教过的一个女学生和公司正式职员结婚后成为全职主妇，当然，随之她就可以不用再支付年金保费。但是，随着其丈夫辞职成为自由职业者，她也必须开始缴纳保费。自始至终她全职主妇的身份并未发生任何变化。

也就是说，家庭主妇要作为第3号被保险人享受无须缴纳年金保费的权利，必须得是正式职员的妻子。即便同样是没有收入，同样承担着家务、育儿工作，但是作为个体经营者、自由职业者、多数非正式雇佣男性职员、失业者的妻子，她们就有缴纳保费的义务。对于这个问题，不论是厚生劳动省还是审议会都横了心地选择无视。如果是私营诊所（医院）的医生等高收入男性个体经营者的妻子，也许可以轻松地从丈夫的收入里拿一部分来负担应缴的保费。然而，对于低收入的非正式雇佣男性职员和全职主妇这样的组合，夫妻两人每月应缴金额为3万多日元，这笔费用必须从丈夫非正式雇佣所得的低廉薪水中抠出来支付。随着现在就业形势日益严峻,非正式雇佣男性职员和全职主妇这样的夫妻组合绝对已经不是极少派了。

我曾就这个问题咨询厚生省的负责人,对方认为这种情况适用于"免缴"的条款。但是,不缴纳保费的话今后领取的年金金额就会变少。相反,作为正式职员的妻子,即便不缴纳保费也不存在年金领取金额减少的情况。这可以说是变相的"非正式雇佣者歧视"的一个体现。如果这种状况持续下去,可以想见,今后打算和非正式雇佣的男性结婚的女性,从年金这个层面考虑也会容易变得退却,这也会成为加速少子化进程的一个重要原因。

低保与低额基础年金

这里谈一个与年金支付额相关的矛盾点。这点与现在处于非正式雇佣状态下年轻人的未来息息相关。

现在老年基础年金可领取金额,每人的上限为每年77万8500日元(根据2013年10月的现行政策)。领取此额度的前提是无免除记录,且缴纳满40年,缴付金额达到一定数目。但是领受人仅靠这份年金生活是不现实的。即便夫妇二人的年金加在一起,与申请低保能领取的生活费相比,仍处于较低水准。为什么呢?因为当初设定基础年金时,并未将这笔钱视作用于保障生活的费用。

国民年金是以代代务农、个体经营为前提设计的。不论是务农还是个体经营,拥有自己的房子被视为理所当然。不论是从父母那里继承还是依靠自己努力,都拥有商住两用的房屋,因此无须用年金来支付房租。并且,日本的个体经营原则上都是世袭制,即务农、经商的父母一般会让儿子继承家业,相应地也就需要儿子负责养老送终,这是理想的传统模式。这样一来,年金就仅仅作为老夫妇的零用钱,每人每月6万多日元已经足够。

另一方面,公司职员因为有退休一说,也没有家业可以让儿子继承,就只能依仗年金生活。因此,作为国民年金的补充,厚生年金就显得十分必要。

但是,与设想不符的两个意外现象正在悄然发生。其一,务农、个体经营面临被迫缩小规模甚至停业的困境,导致祖祖辈辈继承下来的家业最终无法延续。当事业无以为继,原本计划通过工作来补贴低额年金的希望也化为泡影。并且,没有家业给儿子继承,也就无法再指望儿子给自己养老送终。其结果就是仅靠基础年金生活的原个体经营者数量在不断增加。

其二,没有厚生年金作为补充的原非正式雇佣者人数今后将持续增加。他们不论是一个人生活还是夫妻共同生活,因为没有追加部分的厚生年金,就只能依靠基础年金来应付老年生活。他们当中没有自己住宅的人估计占多数,金融资产也不会太丰裕吧。如果是这样,那么他们老后也必须出门赚取生活费,不然就连基本的生活都无法保障。如果已经到无法继续工作的时候,就如前文所述,申请低保反而会更加有利。现在,申领低保金的高龄老人数量正在持续增加。今后,放弃领取年金,不缴纳年金保费,期待老后依靠申领低保金过活的人会越来越多吧。如此这般,现行的年金制度将会逐渐衰败,最终破产。

年金制度曾经预设的前提崩溃

现行年金制度设定的前提为:男性全员要么成为正式职员一直工作到退休,要么成为个体经营者让儿子继承家业;女性全员要么嫁给正式职员,要么嫁给个体经营者。也就是说,当初的预设里是没有无法成为正式职员的男性、无法继承祖业的个体经营者以及无法结婚的女性存在的。

然而,现如今随着社会经济的变化,当初预设的前提正在逐步坍塌。尽管如此,年金相关的制度基本未发生任何的改变。据说现在正在讨论从国库里拿钱出来替失业者缴纳年金保费的方案,如果此方案真的通过执行,先前介绍的自由职业者、非正式雇佣男性家中无业妻子的年金保费国库不买单的话，又会衍生出新的歧视。

年轻人今后将会面临怎样的雇佣形式，这一点是无法预测的。也许无法成为正式职员，即使曾经一度成了正式职员也有可能因为失业而沦为非正式职员。个体经营者的家业传承也是如此，家业不一定能得到延续，儿子继承家业的进程也可能进展不顺利。家庭构成同样面临这种问题，也许不结婚，也许结婚后又离婚，离婚之后又再婚等，自己今后将有怎样的家庭，同样难以预测。

因此，有必要建立一种不论什么职业和家庭形态都不影响保费征收、年金领取的机制。

有关年金积分制的导入

那么，应该怎么做才好呢？以瑞典方式为模本的民主党年金改革法案就是其中的一个答案。如果将基础年金部分的保费改为由国库统一买单的话，由于非正式雇佣者未缴纳保费而产生的老后贫困问题也将随之消失；如果将基础年金和低保合二为一，也就没有缴费带来损失的问题。问题是如何设置年金追加部分的缴费方式。为什么呢？因为基础年金如果是和现在的金额处于同一水平的话，仅依靠如此低廉的年金大部分人都将无法生活。因此，民主党的改革法案中提议将年金追加部分的缴纳按照年收入的比例定额缴纳。根据缴纳的金额决定可领取金额。只是这个提案仍然存在个体经营者的收入难以把控、无收入的主妇（夫）应该如何应对等遗留问题。

我认为大可将追加部分的额度交由缴纳人来决定。每个国民都拥有自己的年金账户。认为仅基础年金就足够的人可以不缴纳追加年金，也许个体经营者会倾向于这种选择。即便收入相同，如果想提高今后领取的年金金额，则可以选择多缴纳费用。如果中途想法发生改变，随时更改缴纳金额即可，这样一来就可以累积的年金缴费金额统一置换到自己的虚拟账户中。主妇也可以和丈夫商量或者将自己的私房钱存入自己的账户。

接下来的操作是关键，我将这个虚拟的账户命名为"年金积分"。20岁成年后，开通按照国家设定的5万日元的基础年金标准的个人年金账户，如果个人无缴纳追加年金的意愿，那么年满65岁后，每月可以领取5万日元的年金（此处仅是单纯推算，因此不考虑物价上涨、缴纳时年龄相关的折现值）。拿到收入时，由自己决定拿出其中的百分之几来缴纳保费存入账户。这样一来，个体经营者也能接受。支出增加时不缴纳也可以；有盈余的时候也可以提前多缴纳一些费用。作为支持育儿的一个环节，可以将育儿补贴积分进行特别的累加。这样一来，缴纳年金将变得令人期待。日本人特别喜欢攒积分,如果将积分和老后的生活挂钩,也许所有人都会增加缴纳金额。也许有朝一日政府还将会因为人们过于热衷缴纳保费而烦恼不已。

境遇两极分化的子女扩大了其父母退休后生活的差距
——高龄弱势群体该何去何从

"单身年金寄生族"

现如今,日本的单亲妈妈正在增加。说到这个,大多数人脑海里浮现的大概是一边养育幼子,一边维持生计的母亲吧。这样的家庭数量的确也在增加,然而,正在急速增长的是丈夫先去世的高龄女性和中年未婚儿女共同生活的单亲妈妈。

正如前文所述,根据总务省统计研究所西文彦研究员的汇总数据显示,2007年,35—44岁仍然和父母同住的未婚人数达到262万人(相当于同年龄层人口占比的14.8%。注:2012年该人数激增到305万人)。1980年仅有39万人,1997年为137万人,这样飙升的态势不禁让人瞠目结舌。并且,与父母同住的未婚中年人当中有9.6%的人(约25万人)处于失业状态。此外,如果加上宅在家中并未参加求职活动,或是依靠打零工过活的自由职业者的话,不能自食其力的未婚中年人的数字还将进一步增长。

他们的父母大多数是已经超过65岁,依靠年金生活的老人。于是,数十万的老年人必须靠自己的年金养活中年儿女,也就是诞生了所谓的"单身年金寄生族"。我甚至曾经听说过有父母从自己领取的年金里拿钱给从事自由职业的子女缴纳年金。

人老后由子女照顾的常识已经无法通用,现在已经出现高龄父母供养同住的中年子女的例子。其结果就是老年人的生活状况出现了较大的差异。

假设有两个已丧偶的70岁独居女性,两人在年轻时的家庭背景一致,丈夫是公司职员,本人是全职主妇,丈夫死后都可以领取等额的遗族年金,有自己的住宅,都有一个40岁的女儿。一方的女儿嫁给了拥有稳定收入的丈夫,成为全职主妇,自建了一栋可供两代人[1]居住的房子,老母亲过着儿孙绕膝的日子;另一方的女儿未婚,和老母亲一同居住,依靠打零工年收入大概100万日元左右。

两位老母亲年金收入金额相同,都与女儿一同居住,然而

1　原文如此。——编者注

两个人的实际生活感受却有着天壤之别。

两人在社会保障制度上也有差异。虽然两人领取的年金金额相同,但是前者女婿供养家人,老人到74岁以前都无须缴纳健康保费,而后者必须支付自己和非正式雇佣的女儿两个人的国民健康保费。到了需要看护的时候,前者可由身为全职主妇的女儿负责照料,后者对于女儿来说就是工作之余需要兼顾的负担。并且后者的老母亲还要担心自己去世后,依靠自己年金补贴生计的女儿生活将无以为继,因此也无心思享受生活。

现实中,单身儿女遗弃故去双亲的尸体、伪装成还健在而冒领年金的事件层出不穷。浏览报刊社会新闻版面的话就会看到,平均每月就有一次关于中年无业子女以无法自立为由,隐瞒父母死讯,继续冒领年金而被揭发的报道。有一个事件,58岁的无业男性,隐瞒父母的死讯长达一年,冒领年金200万日元,最终被判入狱两年。

因为"啃老"的单身中年人数在持续增加,所以今后类似的事件还会增多。而且更严重的是,父母去世后生活陷入困顿的单身寄生族的数量无疑也将处于激增的状态。

虽说生活方式已然多样化

老年人的生活方式已然多样化。既有80岁还在工作的人,也有60岁就退休开始享受自己的兴趣爱好,四处旅行体验生活的人;既有一个人生活的老人,也有儿孙绕膝的老人,还有在养老院生活的老人。

自由主义者一定会说:多样化是选项增多带来的福利,是一件极好的事情。即使是80岁高龄,喜欢工作的人就去工作;60岁就想退休领取年金度过余生,那就这样选择;想一个人自由自在地生活,那就和子女分开住;如果觉得和子女们同住热闹,那就住在一起;同住的人也不要拘泥于非长子不可,也可以和次子、女儿女婿同住,只要觉得彼此相处愉快即可。老年人生活方式多样化,正是老年人可以自由选择自己喜欢的生活方式的证据,是一件喜闻乐见的事情。

的确有这样一个侧面,不再有必须做什么的社会规范。达到退休年龄不退休也可以,不和长子一同居住也可以,等等,与工作、家人相关的限制放松使得老年人多样的生活方式成为可能。退休后的居所,随着面向老年人群服务业的发展,可以选择长期居住在海外的休闲度假地,可以选择在农村务农,可以选择城里附带护理服务的老年公寓等,多种多样的选择充满诱惑。

但是,我们也必须关注被强制的多样化,也就是说被迫选择自己不喜欢的生活方式这一侧面。现实中存在依靠年金完全可以生活得很好却依然选择继续工作的老年人,也存在因年金过低为保证基本生活而不得不继续工作的老年人。同时,大体上领取丰厚年金的老年人越能找到高收入的职业,为了生计不得不工作的老年人从事的都是低收入的工作。根据观察研究,越是拥有不接受援助也能保障生活的老年人,子女们越是争着来和老人一起居住;而那些生活贫困必须接受援助才能保障生活的老人,子女们都唯恐避之不及。无论有多少备选项,无法兑现的话就犹如画饼充饥,最终就是一纸空谈。

因此,提及老年人生活方式多样化的时候,需要分清他们到底是因为喜欢所做的选择,还是被迫之举。这是光看统计数据无法了解的事实。现在,独居生活的老年人数量在持续增加,然而这究竟是出于自愿还是被迫无奈,数字是无法告诉我们的。

政府层面就这个问题一直是采取暧昧的态度。对于人们在工作方式或家庭形态上的选择,政府都是假定其是出于自愿原则,并在此基础上制定相关政策,直到实际问题出现。

我们一起来考虑一下刚才提及的和年迈父母同住的未婚无业中年子女的案例。与父母同住的子女可以照顾年迈父母的起居,无业的子女被父母供养,所以基本能保障生活无虞。在未来数十年以内,如果父母亡故,这些子女的生活肯定会出现问题。然而现在行政机构完全没有对此采取对策的意思。

另外,还有因为年金少,不工作就无法维持正常生活的独居老人。他们因为健康受损而无法继续工作时,生活困境就会慢慢显现。当然,国家有生活保障制度,但是必须是本人的存款全部耗尽后才能申请。这样,他们就将在人生最后的阶段从"普通人的生活"沦落为"最低限度的生活"。

高龄期的模范家庭

原本政府机关就是在大多数人最终都会归入两大生命历程中任意一种的前提下来制定有关税收、社会保障等社会制度的。这里所指的生命历程指的是人一生所从事的工作、组建的家庭形态,我们一般将其称为"模范家庭"。

其中一种应该叫作工薪家庭,指男性在企业等机构工作至退休,负担一家的生计,女性作为全职主妇主要负责家务、育儿的一种生命历程。妻子打零工补贴家用、夫妻共同工作的家庭也属于这个范畴。另外一种是个体经营户,如农户、小规模商店经营者等,夫妻两人共同振兴家业。外出打工、做小时工补贴家用的兼职个体经营也属于这个模范家庭的范畴。

于是,当人们步入老年期后,社会也是按照这两种模本为前提来设计、规划社会制度的。

工薪家庭依靠自己的力量购置住宅,按时退休,孩子婚后自立，无须支付房租的老夫妇二人可以领取到足以过上富足生活的厚生（共济）年金。即便丈夫先去世（概率大约为75%），妻子也可以领取到足以保障她一个人生活的遗族厚生年金。如果需要看护，他们可以选择让婚后作为全职主妇的女儿（儿媳妇）定期来家里照料，同时利用长期看护保险（近几年才慢慢兴起，十年前可选择"长期入院"[1]）生活，或者卖了自己的住宅，用这笔费用入住附带看护服务的养老型公寓，或者还可以自建一栋足够两代人共同居住的房子，请儿子儿媳或者女儿女婿来照顾自己等，有着多种多样的选择，可以继续过上宽裕的生活。

个体经营者没有规定的退休年龄，一边将家业慢慢交付到同住的儿子手中，一边继续工作从旁协助。与其他国家相比，日本的老年就业率高正是高龄个体经营者多的缘故。于是，老两口领取的基础年金就用来补贴家用或者实际上就作为自己的零用钱。足额缴纳保险费后可以领取到每月6万日元左右的基础年金，光靠这笔钱完全无法保障生活。当然基础年金本来也是以从事个体经营，老年仍然工作这样的个体经营户为前提制定的。预先的设定就是辞了工作或者夫妻中一人亡故之后，

---

[1] 指的是不以入院治疗为目的，针对可以在家疗养但无人照顾，或者入院后被监护人拒绝带回、无处可去的人，长期住院接受照顾。——译者注

家业由儿子继承的同时,自己老后的生活也由儿子负责照料。

经济高速增长期以来一直到20世纪90年代后半期的日本社会,普通人如果正常工作的话,总会过上两大模范生活中的一种。多数男性在终身雇佣制的背景下在公司工作,公司倒闭的情况也较少,即便失业也容易以正式职员的身份再就业。此外,在各种规章制度的保护下,农户、小规模商店经营者、小规模企业等自主经营有保障,男主人收入稳定,可以专注于自家事业。女性也可以在安心的经济环境下成为公司职员或个体经营者的妻子。

但是不论是年金制度还是健康保险制度、看护保险制度,政府部门都是预设大多数人都会按照这两条路线中的一条步入老年生活,从而进行制度规划的。

相应地,对于偏离这两条路线的人,政府部门是按照例外来处理的。

因为各种原因偏离预设路线,未能组建模范家庭的老年人,政府部门选择由社会福利机构而非社会保障来应对。如果是无依无靠的老人,政府就将其安置到公共养老机构,没有年金也没有子女的老人则可享受低保以保障最低限度的生活。

经常有人指出,基础年金的额度和低保可领取的额度基本相同是不合理的。但是,如果考虑到基础年金当初就是针对从事个体经营的老年人而设立的,就应该能够理解了。为什么呢?因为申请低保的条件极为严厉,存款、旅行、购买高价商品等行为都是受限的,一旦开始工作有了收入后,可领取的金额马上会相应减少。也就是说,低保意味着申请者在失去所有财产的基础上只能保证最低限度的生活。但是对于从事个体经营的老年人来说,虽然与申请低保可领取的金额相比,基础年金金额较少,但可以有自己的住宅、储蓄、家业收入,如果被子女赡养还可以愉快地随意花销基础年金。因此,低保制度导致人们变得不交年金保费的说法其实是不正确的。在目前过着普通人生活的在职人员中,应该没有人会愿意老后过上一辈子最低水准的生活吧。如果老后也想继续过上普通水准的日子,那么就不能将申请低保作为目标。与之相反,如果是在职时生活水准低,购置住房和储蓄都没指望的人,缴纳年金保费出现亏损的可能性较大。迄今为止,因为在职时过着最低限度生活的人较少,所以年金保费缴纳比例高。

模范家庭的僵局

如今社会保障陷入僵局,原因在于家庭形态、就业形态的多样化,以及模范家庭的构成比例下降。既有不选择模范家庭模式而选择自己喜欢的生活方式的人,也存在想组建模范家庭而无力实现的人,且二者的人数都在增加。造成保险制度陷入困境的原因在于20世纪90年代后期,社会日益富足的同时,服务业飞速发展,全球化、规制缓和等引起经济结构转变,经济差距日益增大。有关其内容、现状我曾经在《希望格差社会》《新平等社会》(平等社,2009)等著作中已做阐释,此处不再赘述。

经济差距扩大对于在职的一代人,特别是年轻人影响最为显著。随着女性进入职场,双职工高收入家庭出现了;同时,因低收入而无法结婚的非正式雇佣的单身寄生族也在增加。此外,低收入自由职业者间的"奉子成婚"现象增加,使得虐待儿童、年轻夫妇离婚等事件也变得更多了。

虽说受影响最大的是年轻一代,但并不表示格差社会未对老年人的生活产生影响。被排挤出当初预设的模范家庭老年生活轨道的人出现了,且人数正在不断增加。其结果就是存在可以实现预期养老生活的老年人,也有无法实现预期的老年人,两者间生活境遇的差距不断扩大。除此之外,问题更在于看着这些老年人间的差距越来越大,即将步入老年期的在职一代人开始不安。

跌落"模范"神坛的老年人

导致老年人生活水平差距扩大的原因主要有两个。其一,老年人自身的经济状况导致的差距;其二,子女的状况引发的差距。

这两个差距在近十年都变得日益显著,今后即将步入老年的人面临的状况可能更加严峻。两种差距之间存在关联,在此我们分开探讨。

首先,我们来探讨一下老年人由于自身经济基础的差别而导致生活差距扩大的现状。出现这种状况可能是因为没有成功组建模范家庭,或者已经顺利走上预设的轨道,但是在步入老年之前又中途脱轨。

我们先来看看传统个体经营的衰退。整个90年代,小规模的农户、商店和企业的经营基础逐渐弱化。在相关制度变得宽松的影响下,针对农户、商店的保护力度衰减。由于受到大型购物中心规模扩大、IT化等的影响,停业、被巨额赤字逼入绝境的传统个体经营户数量不断增多。1997年的金融危机引发的资金链断裂、融资困难成为压死骆驼的最后一根稻草。如前文所述,足额缴纳保费可领取的基础年金仅为每月6万日元,而仅靠这笔钱是无法生活的。即便想让同住的儿子继承家业,给自己养老送终,但家业本身已经衰败,最终只能和儿子一同面对生活的困窘。即便想让儿媳妇来负责老后的看护,但是继承已了无生气的家族生意的男性的未婚率也在不断提高。

即使想外出打工,地方乡镇也提供不了就业机会,即使有,工资也普遍偏低,而做临时工的话老年后就无法领取厚生年金。所以,老后将家业慢慢移交给儿子,自己享受宽裕老年生活的计划已然崩塌,越来越多的老人(个体经营或者曾经从事个体经营)只能被迫依靠微薄的基础年金艰难维持生计。针对这一现状,政府部门却一筹莫展。

另外,从工薪族"模范"跌落的老年人也越来越多。工薪家庭要保证老年能达到普通生活水平的必要条件是拥有自己的住房(或一定金额的金融资产)和可以领取较高金额的厚生(共济)年金。然而,自20世纪90年代后期开始,不能满足上述条件的家庭数量逐渐增多。为什么会这样呢?从1997年的金融危机开始,企业裁员、破产的情况增加,从这些企业里出来的工薪族也就多了,而中老年人再就业困难重重。失去住宅、失去工作的工薪族数量在持续增加。1998年,中老年男性由于经济问题而自杀的案件激增,这一现象又进一步影响到中年在职工薪族的老年生活。因无法缴纳保费,厚生年金有可能被减额,即使再就业,但因非正式雇佣而无法得到厚生年金领取资格,这样的例子也越来越多。

在没有住宅,也无法领取足额厚生年金的情况下,(原)工薪族夫妻就匆匆步入晚年。他们为了能保障基本的生活,必须以某种方式继续工作,保证能获取报酬。其中也有高龄的妻子出门工作以保证家庭开支的例子吧。为了生活,高龄劳动者没有选择工作的余地,大多从事的是一些低收入的工作。而且,一旦他们无法继续工作,生活随即就会陷入困顿。此外,曾经投入高额教育费培养的子女,由于受到经济结构转变的影响,越来越多的人只能从事一些非正式的工作,未婚率也在升高。也许也有可以依靠子女经济实力的老年人,但同时也出现了年迈父母成为子女沉重负担的例子。对此,我们将在下文叙述。

承载年轻人不安定生活的父母一辈

有预测指出,随着拥有高额资产,领取着高额厚生年金的团块世代[1]的男性退休,消费市场将变得活跃。可以自由支配资产、年金的人不断涌现,他们可以住在休闲度假区等地享受自由的老年生活。我认为这种情况要成为可能应该附加一个保留条件,那就是他们的子女都能自立生活。团块世代平均有两个孩子,孩子的年龄应该在 30—35 岁——这个年龄段男性有 47%,女性有 34% 都是单身(根据 2010 年国势调查),且单

---

[1] 指出生于 1947—1949 年的日本人。

身者中约 80% 都是和父母同住,因此退休了的团块世代大约有 50% 的概率与一个以上单身子女同住。而单身者中处于非正式雇佣状态的占比很高,男性约为三成,女性超过四成,他们当中的大多数无法自立,没有足以保障婚姻生活的收入。也就是说,退休后也必须供养同住儿女的团块世代人数约占总人数的一到两成。即使孩子是正式职员,只要是和父母一同居住,就不可能只是父母移居到休闲度假地吧。如果子女是蛰居族,情况就会变得更糟。换言之,只要还与家里未婚的子女同住,父母行动、消费的自由都会受限。

问题不仅是未婚子女。我在做离婚调查的时候,曾经听到一个离婚女性说:"丈夫被裁员,无法过活,我离婚后带着孩子回到娘家,已经退休的老父亲为了供养我们又出去工作了。"不是单身寄生,而是母子寄生的家庭,即原本享受着悠然自得生活的老夫妇不得不再次面对抚养子女的问题。奉子成婚的自由职业夫妇,举家匆忙投奔父母,新三代同堂家庭也出现了。现在年轻人的家庭关系和经济状况都处于不安定的状态,而最终为他们的这种不安定买单的是高龄的父母一辈。

在模范家庭和低收入家庭的夹缝中苦苦挣扎

有些老年人的孩子都有正式工作并结婚自立,他们可以得到子女的支持,也有些老年人迫不得已仍须继续帮扶中年子女。无论怎么看,两者的生活状况都是有差距的。后者为了子女得到幸福,甚至不惜牺牲自己的生活来支持孩子,这就等同于老年人在替政府承担着年轻人的社会保障压力。然而,政府机构对这些老年人却没有任何支援措施。

模范家庭和低收入家庭之间存在的差距无法弥补,这成为日本社会保障制度最大的弱点。无论是刚踏入社会的年轻人,还是育儿家庭、老年人,都面临着同样的问题。

模范家庭,即拥有住宅,可领取厚生年金,养育的子女也全部都有稳定工作(或者可以和有稳定工作的男性结婚)的(原)工薪族老年人,以及家业收入丰厚,由儿女继承家业的老年人。如果背离这两种模式,到达退休年龄后不继续工作就无法生活,或者生活困窘,将来的生活无法预期,这样的老年人数量现在正在不断增加。

例如,虽然有自己的住宅但是年金微薄,或者年金尚可却没有自己的住宅,如果不继续工作挣房租的话就无法过上普通水准生活的老年人家庭;收入每况愈下,年金少的个体经营户;儿女离家工作,只剩老人勉强维持生计的小农户;虽有住宅和年金,然而因必须援助自由职业者子女的生活而变得困窘的老年父母……他们一旦健康受损无法继续工作,或者医疗费用增加的话,有可能瞬时就跌入贫困状态,这样的家庭也越来越多了。

现在的社会保障体系是以优先保障模范家庭中老人的利益为前提设置的,对于规划外、脱离其设定的轨道生活,陷入窘迫境遇的老年人并无相应的对策。只要没沦落到身无分文、申请低保的地步,政府部门是不会施以援手的。眼看着这样的状况,现在在职的人对将来自己的老年生活心怀不安也在情理之中。

后期高龄者(75岁以上的老人)医疗制度也完全无法消除这样的不安,就如同回到了原点。合乎宏观财政逻辑的制度设计并不能拯救那些陷入生活困境的老年家庭。

希望可以快速创建针对没达到申请低保的程度但生活困窘的老年人的支援制度。

第四章

日本经济无法逆转的停滞、衰退

不再踏出国门的年轻男性

——草食化的年轻人能担负起日本的未来吗？

20多岁海外游客急剧减少

旅行向导杂志《走遍全球》（大宝石出版社）即将迎来创刊35周年，我刚好有机会与长期从事该杂志编辑工作的一个朋友聊天。据说该杂志创刊的1979年刚好是个人旅行、特别是穷游的背包客人数开始快速增长的时期。那个时候说到海外旅行，主要是跟团游，也就每天中午有那么一点少得可怜的自由活动时间。在那个时代，那些想亲自去探索世界的年轻人们为自己制作了向导书《走遍全球》。

我也开始回想起令人怀念的往事。30年前我还是研究生的时候，购买廉价机票、欧洲铁路通票，一边和友人商量着明天住哪里，在哪里吃饭，一边手上拿着《走遍全球（欧洲篇）》和《托马斯·库克铁路时刻表》反复研究，背着背包行走在欧洲各地。

《走遍全球》创刊至今已有35年，据说读者主体已经转移到中老年男性和年轻女性群体，在原先的目标读者——年轻男性中间已经完全卖不出去了。据说像我这种二三十年前曾是到处穷游的年轻人的中老年人,为了满足个人旅行需求而购买这本杂志的情况越来越多。

确实,近年来我去海外出差时见到的日本单身旅行者一年比一年少,遇到的老年夫妇却越来越多。据一个经常去东南亚旅行的朋友(40多岁的女性)说,她经常在东南亚遇到欧美的年轻背包客,但是日本旅客的话就只是遇到过几个女孩,基本没看到过男孩子。

看看我所指导的研究生,他们确实也符合这类趋势。20年以前,有休学一年乘坐西伯利亚铁路专线在欧洲游荡了一年的男学生,也有利用暑期一个人到以色列、阿拉伯各国游历的女学生,或者工作前动身去非洲旅行的男学生等,大家都有各种海外旅行的规划和体验,但最近这些年几乎就没有类似情况了。

统计数据也表明,年轻人——特别是年轻男性——出国人数的下降趋势十分明显。1997年,20多岁年轻人的出国率(出境人数占总人口的比例)是24.1%,2007年则下降到19.4%。比较2000年与2007年的统计数据,整体男性的出国率在2007年较高。然而,如果焦点集中在20多岁这个年龄层来看,出国率反而呈减少态势。特别是25—29岁的女性,仅为25.6%,减少了将近6%。

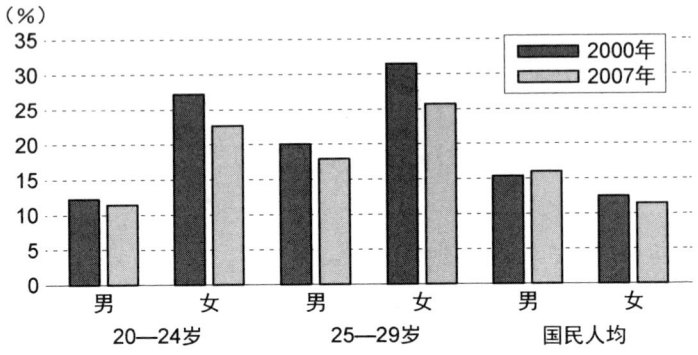

图 4-1　20—29 岁年轻人出国率变化

注：出国率是指出境人数与人口的比例。
出处：国土交通省《观光白皮书》2009 年版。

当然，20多岁的年轻海外旅行者数量减少是由经济实力的下降引起的。事实上，像自由职业者这样非正式雇佣的群体数量的确增加了。如果说是因为正式职员很难休假，那么非正式职员应该可以安排长时间休假旅行。况且与20年前相比，升学率提高了，年轻人里学生所占比例也在增加，单身者的比例也在增高。对于已婚且在职的人来说，长时间的旅行也许不太现实，然而未婚、学生群体的话应该是具备轻松出门旅行的条件的。

而且，由于日元升值和航空公司之间的价格竞争，现在可以花费较少的费用就可以出国旅行。除了《走遍全球》以外，也相继出现了很多针对个人自助游的旅行指南类书籍。最重要的是，利用网络就能便捷地掌握价格实惠的住宿信息。也就是说，如果不介意穷游，只要想出去，现在比起从前有着更加便捷的条件。

相比个人旅行，跟团游更受欢迎

然而，现今有关年轻人海外旅行的变化貌似还不仅限于人数的减少。根据旅游业内人士的说法，学生们的海外旅行也发生着质的变化。据说个人游渐渐没了人气，反而是固定路线的高效团体游更能吸引学生。而且，即使是跟团游中安排的自由活动时间，也有越来越多的学生向导游询问去哪里不会出错。

我们很容易将年轻人海外旅行的意义归纳为发现新地方，解决各种困难，体验在日本无法想象的新事物，发现异文化的不同之处。但是现在的年轻人，从正面来讲叫"安全第一"，从反面上来看那就是"缺乏冒险精神"。他们认为既然花费了时间和金钱出去，就应该得到实在的"回报"，自由行如果失败，什么都没看到的话就吃亏了，跟团游可以毫无遗漏地参观各个世界遗产的景点。

学生群体中,唯一一个人数增长的旅行项目就是"志愿者之旅"。例如,去菲律宾或者老挝的孤儿院做义工,去澳大利亚海边捡海洋垃圾之类的团队旅行。为那些天生不受眷顾的人、为大自然贡献一份自己的力量的"感动体验"是此类旅行的目的。这类团体旅行受欢迎也是因为一个人去的话大概率无法获得这种体验,跟团游就能切实地感受到这份感动。

曾任职大藏省财务官的榊原英资氏曾在其著作《你们为何学习》(文艺春秋出版社,2009)中说"总之去国外看看吧""不知道国外的事情就无法发挥日本人的优势",以鼓励年轻人。然而,现实中参加海外旅行的年轻人数量逐渐减少,即使去也是跟团游,基本没有机会和当地人接触,仅仅是观光之后就回国了。从这样的年轻人当中会诞生出具有创造性、不惧怕失败、勇于挑战新事物的日本人吗?

仅从他们的旅行状况就可以看出,现在的年轻人的确是趋于保守了。培养出这样保守的年轻人的正是我们这些成人所创造的社会。应届生统一录用惯例,以及脱离这个惯例后就几乎不可能得到正式工作的就业体系,和过度保护孩子,绝对不让涉险的父母,这三方面都在削弱年轻人的挑战精神。对日本的未来感到担忧真的只是杞人忧天吗?

去了海外才发觉日本的停滞
―― 存在感变弱成为反面教材的日本

对日本的关注正在减少

日本在世界上的存在感越来越弱了,很早就有人这么说,但是待在国内的话很难真实地感受到这一点,因为日本媒体主要用日语报道国内的事情,我们没有机会听到国外的评价。因此,偶尔出一趟国就会发觉日本不仅存在感越来越弱,经济停滞不前也显而易见。

我曾为调研国际婚姻前往香港,拜访了几家和中国香港男性结婚的日本女性居住的公寓,对于他们生活的富裕程度我非常吃惊。20年前,东南亚各地区的生活水平远远低于日本,然而现如今日本人均 GDP 已经被新加坡赶超,甚至连中国香港也逐渐迎头赶上。中国香港是一个贫富差距程度比日本还要厉害的地区,所以如果是在大公司工作、收入中等偏上的人,可以过上比日本更加富裕的生活。

在当地,我偶尔会和一男一女两名知日派的美国记者见面。虽是与两人分别会面,然而两人境遇的相似性却让我十分惊讶。两人都是毕业于美国一流大学的研究生院,并去日本读研究生,开始用日语撰写与日本有关的新闻报道,并由此成了记者。

20世纪80年代,在这位男记者还是个学生的时候,日本经济欣欣向荣,据说在美国也出现了一场"日本热"。那时美国一流大学的研究生院里有很多因企业研修和自费留学的日本学生。据说也有很多想学习了解日本的美国人,因此日本学的课程都被选满了。甚至在我赴美留学的1993年,加利福尼亚大学的日本人数量也是特别多,在工科系部的某个研究室里全是用日语交流的,人们对日本的关注度非常高。

然而现如今,这样的光景已然看不到了。此后,男记者的母校中韩国留学生、中国留学生开始变多。美国人对于日本的关注程度下降了,日语讲座也消失了,与之相对,学习中文的学生数量激增。

正如2010年诺贝尔化学奖得主、普渡大学特聘教授根岸英一所说,现在在美国大学的理科研究室里听到的基本都是用中文在交流。我能理解根岸教授对于日本今后科学研究发展的担忧。

将来的日本也会这样。现在国际社会对日本的关注程度降低已经是一个问题。这次见到的两个美国记者并非自愿来的中国香港。据说他们喜欢日本,想住在日本写日本的新闻稿,然而基本找不到撰写日本相关报道的需求。因此,他们只好移居到便于收集东亚讯息,英语也可以通行无阻的中国香港,以此为站点撰写一些以中国为中心的通稿。两人都在一边叫苦连天一边学习中文,据说也在考虑将来将报道站点转移到中国内地。

就连号称精通日语、非常喜欢日本的外国记者也开始与日本渐行渐远。据说,偶尔有一些定制新闻稿也是有关日本现在正在出现的问题,美国如果不想重蹈覆辙就必须注意之类的内容,即所谓的预警类稿件。

韩国吸取日本失败的教训

我曾经接受过美国女记者有关老人无故失踪问题的相关采访。我说道,此类事件背后的社会现实是由于雇佣状况恶化,不得不依靠高龄父母的年金生活的中老年独身子女人数在增多。于是,女记者说美国也有所谓的"回旋镖族",指的是曾经独立生活的子女因为失业、离婚等原因重新回到父母身边。因为现在美国"回旋镖族"的人数在不断增多,她高兴地表示,这个采访应该能够加倍引发读者的关注。

此外,那个美国女记者还写过"日本已进入人口负增长时代,基本生活消费需求下降。这将导致商业街店铺陆续关门停业,即所谓的'关张一条街'的情况会增多,废弃观光设施会散见于全国各地"等诸如此类的报道,向全世界展现日本这一社会现实。

据说他们也非常渴望写一些有关日本的正面报道,然而事与愿违,他们也感到非常遗憾。

意识到日本已经成为世界反面教材的只有我吗?

先前提到的司法考试改革、夫妇别姓问题,韩国吸取了日本在此方面失败的教训,快速地推进了改革:缩减法学研究生院的招生人数,尽量不出现司法考试落榜生无处可去的境况;构筑优待海归的体系,促进海外留学;废除原有的户籍制度,推进承认夫妇同姓(韩国与日本相反,原来是只承认夫妇别姓)的改革,推动鼓励男女平权,共同参与社会;研究制定少子化对策。随着韩国完成这些改革,夫妇不能自由选择婚后是同姓还是异姓的发达国家就只有日本了(即便是姓氏管理严格的中国,婚后选择同姓还是异姓也是自由的)。

当然,也有人觉得日本存在感变弱也没事,世界不关注日本也无所谓,毕竟日本经济规模大,开拓国内市场也可以维持经济的平稳运行。如果说日本的科技水平无须保持世界前列,经济停滞,生活水平被亚洲其他国家赶超也不在意的话,也许的确没什么问题。

但长此以往,有能力的日本人会逐渐向海外寻求发展空间,别说优秀的外国人,连从事简单劳动的工人也不愿意来日本发展,这些状况出现的概率很高。

我在想,如果在全球化的世界经济中连存活都成问题,我们将何去何从?

不用钱的日本男性

——零用钱制是导致消费停滞的一个原因吗?

日本男性的零用钱数额只有美国的一半

现在全世界都在关注男性消费状况。据前几日的《新闻周刊》报道,世界各地新开了很多针对男性顾客群的奢侈品店铺,以男性为目标的市场战略正在强化。

从前,消费市场的主角都是女性。随着女性进入社会/职场,所谓的"女性时代"到来。人们只关注女性经济独立后可以花钱买自己喜欢的东西,很多企业制定的都是以女性为目标的商品开发战略。但是在欧美各国,女性进入社会/职场的风潮过后,各界开始挖掘男性个体消费领域,并将其视为一个新的增长点。

那么,日本是一个什么情况呢?看起来女性进入社会/职场的风潮的确很普遍。在大众的观念里,在服装、首饰、化妆品、旅行、美容上花钱的人都是女性,包括未婚、已婚、年轻、老年的女性群体。

在性别歧视和同工不同酬的惯例影响下,即便是现在,男性的收入都比女性高。男性赚钱赚得更多,但是从消费角度看,女性花钱比男性更多。

建设男女平等的社会这种口号由来已久,虽说进展不尽如人意,但是女性进入职场的进程一直在推进,女性和男性平等地活跃于职场,薪水和男性并无区别的职业女性也越来越多。那么,男性又是如何呢?在推进平衡工作生活的口号下,人们只关注男性很少参与家务、育儿。但是,生活不只有家务和育儿这两件事情,日常生活中为了享受生活的消费活动也应该是一个重要的组成部分。然而迄今为止,男性个体的消费活动基本未受到人们的关注。

因此,为了探究日本男性的消费特征,我和 Cross Marketing [1] 公司共同合作,针对男性的实际消费情况做了一个国际性的比

---

[1] Cross Marketing 是一家做网络调查等各类调查的日本公司。

较调查(详见表4-1)。从调查结果可以看出,与欧美、中国(大城市)的男性相比,日本男性消费不足。

表4-1 男性零用钱的国际比较

■ 男性每月零用钱金额(前60%的高额者)在年收入中所占比例

日本	中国	美国	英国	意大利	
4.0	3.5	8.0	6.5	3.5	(万日元)
8	35	12	19	14	(%)

■ 夫妻双职工的比例

日本	中国	美国	英国	意大利	
22	64	67	49	46	(%)

■ 零用钱制的比例

日本	中国	美国	英国	意大利	
46	20	20	6	7	(%)

注:针对400多位各国城市30—69岁男性的调查。调查在日本(首都圈)、中国(北京、上海、香港)、美国(纽约)、英国(伦敦)、意大利(罗马、米兰)等地展开。

出处:Cross Marketing公司和本书作者于2010年5月共同开展的"男性消费状况调查"。

首先,日本男性可以自由支配的零用钱数额相对较少。日本男性收入颇丰,仅次于美国,但是可以随意支配的零用钱却只有平均收入的8％;以金额来看,也仅是英美的五到六成;如果再加上物价水平的考量,还没有中国城市男性的零用钱耐用。此外,日本男性的消费欲也较低,购买衣服时相对于品质更愿意买价格便宜的,实际拥有奢侈品比例较低;会选择在喜欢的奢侈品店铺购买的人数也比较少(日本23％、中国64％、美国53％、英国46％、意大利41％)。在英美意各国,将钱用在音乐会、电影等休闲娱乐项目上的男性约占四成,日本只有一成左右。总之,日本男性不太会在自己身上花钱。

日本男性的零用钱金额与收入相比较少,消费也不活跃,我认为是受到日本家庭形态的影响。日本与其他国家相比,夫妻双职工的比例较低。美、中大概为三分之二,英、意接近二分之一。在日本,所说的夫妻都工作其实妻子大部分都是打零工,收入也较少。丈夫收入的大部分用于偿还住房贷款、子女教育等家庭开销。

零用钱制比例较高的日本

在日本,大多数家庭中丈夫的收入都是全部交给妻子,再从妻子那里领取零用钱。我和Cross Marketing公司合作的调查结果显示,接近一半日本调查对象实行的是零用钱制,然而在我此前所做的调查中大约七成的夫妻采用零用钱制。在其他国家，一般是将生活费交给妻子后自己用剩下的部分，或者各自管理自己的收入。也就是说，在日本，妻子决定丈夫零用钱金额的情况占比非常高。

据一个职场男性说，他结婚的时候对妻子说今后每个月上交生活费，余下的自己自由支配，随后岳父岳母就来劝说他将收入全部交给自己的女儿。虽然他本人感叹为什么明明是自己的收入，却要过着低声下气地去找妻子领取零用钱的生活，但现实就是只要没有离婚的打算，就无法摆脱零用钱制。

也就是说，在日本，丈夫支撑着家庭开销，但妻子掌管财政大权，所以就出现了男人们无法将钱用在自己身上的状况。事实上，妻子全职工作的家庭，男性的消费欲望较高，也会更愿意买高端商品。此外，交完生活费余钱自用的男性（以高收入男性居多）的消费欲望也比较高。

把这一话题放在更大的背景下来说，男性个体消费数额不增长，就无法拉动日本经济的消费需求，也就成为导致经济停滞的一个重要原因。堺屋太一曾经预测，随着团块世代退休，能够领取足额年金也拥有资产的老年人将带来一个"消费的黄金时代"。然而，这样的盛况至今仍未出现。我认为这是钱袋子被妻子紧紧捏住的缘故。男性退休后，即使想要愉悦身心而在兴趣爱好、旅行等方面花钱，但是妻子总是不答应。更不要说丈夫想要从事农业而在郊县买块土地再移居这样毫无道理的要求了。为什么呢？因为平均寿命比丈夫长十年的妻子，在丈夫亡故之后要保障自己能安心地生活下去，必须尽量节省下一些钱来。要想说服妻子松开钱袋子，简直难如登天。

为了促进男性自由消费，应该推进夫妻双职工进程，并且应该消除零用钱制以实现夫妻彼此财务上的自由。为了实现男女共建型社会的理想，同时为了提升日本经济活力，也应该将模式从"男性挣钱，女性用钱"转换为"女性也挣钱，男性也用钱"。不过，这样的提议会遭到目前掌管家庭财政大权的妻子们的投诉吗？

结婚难的日本男性
——从国际婚姻趋势窥见其经济地位低下

亚洲新娘的减少

因为从事的是家庭研究工作，我每周都会把老牌电视节目《新婚夫妇，欢迎光临》录制下来观看。我发现最近节目里经常出现国际联姻的夫妇，前几天登场的一对新婚夫妇，新娘是越南人，新郎是日本人。主持人贵三枝（现改名为文枝）老先生问新娘:"来日本后你觉得怎么样?"新娘只说了一个词:"乡下。"她是在胡志明市从事口译工作时结识了现在的丈夫,因为丈夫调回日本工作,她就跟随丈夫一起来到了日本的一个小城市开始生活。但是,据说当地和胡志明市相比显得十分萧条,她感到非常吃惊。

我在一个地区参加结婚鼓励活动时,曾听到某县的一个男性职员说过类似的话。据说嫁到日本的外国新娘数量正在减少。据说有一个来日本人口过疏地[1]相亲的中国女性感觉中国那边更像城市,随后都没有相亲就直接回国了。我曾经还听到这样的说法,现在针对过疏地居民的结婚鼓励活动中,结婚对象已经不再选择亚洲其他国家的女性,转而选择生活在城市里打零工的女性了。

这一现实也体现在数据中。就像提到国际婚姻,脑海里自然地就会浮现出菲律宾新娘一样,迄今为止,日本男性通过中介机构和亚洲其他国家女性相亲结婚是非常典型的。然而,自2006年开始,这种类型的国际婚姻一直在减少。针对这个情况,我来尝试着做一个简明扼要的解说。

1　由于人口锐减导致局部区域社会活力低下,生产机能和配套生活环境与其他地方相比较差的地区。——译者注

通常女性都希望通过结婚过上比原生家庭更好的生活,因此她们会选择和自己父亲能力相当或者更好的男性结婚,这被称作"女性上升婚"。虽然也有例外,但是可以说基本全世界都可套用这个模式。反过来说,女性通常不会选择比自己父亲经济实力低的男性作为结婚对象。

过去三十年间,日本年轻男性的经济实力一直在下降。从事个体经营、过疏地农户的继承人,没有固定工作的男性结婚变得越来越困难。也就是说,靠年功序列制提升经济实力的家庭,他们的女儿已经不愿再将以上几类男性作为结婚对象来考虑了。

最终解决这一困局的,是利用"上升婚"来弥补自身经济差距的亚洲其他国家的女性。从 20 世纪 80 年代末开始,亚洲其他国家(菲律宾、中国等)的女性与日本男性的国际婚姻数量快速增长。虽然来到日本也是低收入,但是从国际层面来看,日本仍然被视作一个生活水平较高的国家。日本男性和外国女性的国际婚姻,1980 年有 4 386 件,2005 年增加到 33 116 件。

日本女性远嫁海外

日本经济一旦停滞,其负面的压力全部压在了年轻人身上。而同时,亚洲其他各国的经济发展成果显著。日本的人均

GDP已经被新加坡赶超,购买力平价[1]方面已经与中国台湾和香港持平,并处于被赶超的状态,日本已经不能称作亚洲最富裕的国家了。并且在这些亚洲新兴国家和地区中,年轻人的经济实力正在提升。

在中国台湾或韩国,结婚难的男性可以迎娶来自中国大陆、菲律宾、越南等地的女性。也就是说,对于这些亚洲女性来说,相比处于经济停滞状态的日本,这些新兴国家和地区的男性可以满足自己"上升婚"的需求,显然更有魅力。其结果就是:日本男性和外国女性的国际婚姻在2006年达到峰值,高达35 993件,自此从峰值开始滑落,数量逐年减少,2010年仅有22 843件,仅为高峰期的三分之二。主要是愿意嫁到日本的亚洲新娘减少了。

另一方面,在海外与外国男性结婚的日本女性数量却在持续增加。近几年,每年大约有9 000件。因为在当地提交了结婚申请但是并未向日本使馆报备的情况也比较多,所以实际的数量应该远大于9 000件。

在过去,日本女性不论是在国内还是国外结婚,典型的国

---

[1] 购买力平价是根据各国不同的价格水平计算出来的货币之间的等值系数。——译者注

际婚姻对象始终都是欧美男性。然而近年来,与亚洲男性结婚,在亚洲其他国家生活的日本女性数量明显增多。我与开内文乃(中央大学文学部专任讲师)共同开展的针对土耳其、泰国、中国香港、新加坡等地的国际婚姻调查得出的结论就是"成长中的亚洲各国"和"停滞的日本"(山田昌弘、开内文乃《绝食系男子与大和抚子公主》,东洋经济新报社,2012)。

日本女性并非是为了结婚而去亚洲其他国家,而是因为日本至今仍然残留着对女性的歧视。女性辞职后想要再就业很困难,一边育儿一边工作的环境也不完备。在日本感受到生存艰辛且有职业追求的女性就会选择以留学等方式去海外寻找可以大展拳脚的机会。

在异国,与志趣相投的男性相遇,与被不稳定工作带来的不安和低收入折磨得萎靡不振的日本未婚男性相比,亚洲其他国家年轻的精英男性既有收入又有自信。很多日本女性就是被这样积极的男性所吸引进而恋爱结婚的。在亚洲诸如曼谷、香港等国际化都市,女性可以一边育儿一边工作的环境比日本完善很多,精英阶层的丈夫比起很多同年代出生的日本男性收入要高出许多,对于这些日本女性来说,在日本难以实现的富足家庭生活和自己的职业生涯,这些完全可以通过国际婚姻获得。

国际婚姻形式多种多样。然而,如果说造成日本男性外娶减少、女性外嫁增多的原因在于"日本经济停滞"和"日本社会对女性的歧视",那么便不能再坐视不管。而且,我认为这两个原因是相互关联的。

日本经济停滞的真正原因
——女性不活跃的国家通常财政赤字更严重

受到美国经济增长的牵引

参看 OECD 有关两性劳动统计(2009 年)后,我注意到一些有趣的事情。在欧洲,女性劳动力比例(包含失业者,OECD 成员国平均值为 65％)没有超过日本(63％)的国家由低至高大致如下:意大利(51％)、匈牙利(55％)、希腊(56％)、爱尔兰(63％)。此外,韩国是 54％,美国、德国均是 69％,最高的是瑞士和丹麦(均为 79％)。

参看现实的就业率(OECD 成员国平均值为 60％),比日本(60％)低的主要几个国家在上述国家的基础上再加上西班牙。从男女就业率的差异(男性就业率比女性高多少)来看,男性就业率高的日本,数字就变得非常大(参照表 4-2)。差异大的国家中,除葡萄牙之外,全都能在欧盟的财政危机国家名单中找到名字(葡萄牙现今从事农业的女性仍然较多,这被认为是该国女性就业率高的原因)。

表4-2 日本与欧盟及其他财政危机国家的男女就业率差异

国　名	差异比例(%)
意大利	31
韩国	30
希腊	29
日本	26
爱尔兰	21
西班牙	20
OECD成员国平均	18
英国	16
美国	14
德国	14
法国	12
加拿大	9

续 表

国　　名	差异比例(%)
瑞典	6
芬兰	3

注：OECD主要成员国男女就业率差异＝(男性就业率－女性就业率)/男性就业率。
出处：OECD。

不仅如此，意大利等南欧各国和日本、韩国的未婚率也高。因为在职的未婚女性所占比例较高，所以以上这些国家中，在职的已婚女性比例与美国、西北欧各国相比要低一些。包括日本在内，全职主妇多的国家都是财政赤字非常严重的国家。相应地，女性就业率高的国家，如北欧、德国、荷兰、比利时等，财政状况就相对比较健康，同时其少子化进程也得到了有效遏制。

不过，即便这些数字有关联，也不一定存在因果关系。但我不认为这种相关只是偶然。OECD委员会也指出，女性活跃于经济领域本身不仅有助于推进男女平等，同时由于课税范围增大，也有助于增加财政收入，有助于社会多样性，提升经济活力。

如果女性能够根据自己的能力选择工作，获得可观收入，随之政府的税收、保险收入也相应增多。如果是夫妻都在工作，相应的家庭开销也会增加，随之政府的税收也会增加。甚至有人认为 20 世纪 90 年代美国的经济增长相当大一部分应归功于女性劳动力的加入和由此衍生的消费需求。

日本不仅只是已婚女性的就业率低（全职主妇率高），即使是在职的女性，与男性相比，大多从事小时工等，非正式雇佣率高且收入低。日本男女薪资差异巨大也是闻名于世的。那是因为许多已婚、未婚女性都以无须缴纳保险费和作为税金的受扶养家属（年收入 110 万日元）为目标在工作（在日本与父母同住者居多，报税时被列为父母扶养对象的单身寄生族非常多）。因此，政府的税收、保险费收入不增加也是理所当然的。

消费也没增长。日本男性的零用钱与其他国家男性相比不仅少，而且近年来还一直不断减少。根据新生银行的调查，1990 年工薪族平均拥有 76 000 日元零用钱（包含午餐费），到了 2010 年锐减到 41 910 日元，2013 年甚至一度下降到 38 457 日元。特别是处于盛年的 41—49 岁这个年龄段的人，只有 36 924 日元。

职场女性人数无法增加

在双职工率极低的日本，如果男性收入不增加，应对之策并非妻子外出工作,而是削减丈夫的零用钱。顺带提一下,在双职工数量多的欧美,男性可以自由支配的零用钱不仅多,而且多用于给家人买礼物、带家人外出休闲娱乐,因此不仅让家人开心,也可以提高国家经济活力,其结果就是政府消费税收也增加了。

相应地,如果像日本对全职主妇在保险费、纳税等各个方面给予优待政策的话,国家整体的保险收入和税收就会减少,并非只是纳税体制中"配偶扣除"[1]的问题。在日本,已婚女性中绝大部分是全职主妇,还有属于扶养范围内在做兼职的家庭主妇(仅限于正式职员的妻子),她们都享有不缴纳年金、健康保险费而自动拥有被保险人的权利。她们那部分保险费就被分摊到双职工夫妻、单身人士、有正式工作的单亲爸爸(妈妈)身上。

即使是欧美国家,夫妻共同工作也并非自古以来就是一种普遍现象。英国在20世纪20年代有90%的已婚妇女都曾是全职主妇。即便在美国,50年代也有75%的已婚女性都是全职主妇,比现今日本全职主妇的比例高得多。而随着70年代

---

[1] 家庭主妇(夫)从事兼职工作,如果年收入低于政府规定的金额,计算税金时,则可以从丈夫(妻子)的总收入中扣除规定金额。——译者注

女性开始进入社会,在当时男性收入不增长的背景下,工作的女性比例不断升高。随着职场消除对女性的歧视,为女性开辟了任人唯贤的职业上升通道,女性管理职位、专业技术岗位数量增加,女性的收入也随之增加。

在西北欧,一边育儿一边工作的体制非常完善;在美国、加拿大,女性即使因为育儿辞职,但是大环境下找到正式工作再就业相对容易,这无疑大大推动了已婚女性的就业进程。在这些政策的支持下,这些国家都成功转型为夫妻双职工以保障相应生活水平的社会形态。

此外,在新加坡、中国台湾和香港等亚洲新兴地区,原本就是在没有全职主妇的传统下实现的经济发展,所以女性婚后继续工作被认为是理所当然的事。

在这样的变动中,被剩下的日本、韩国、意大利、希腊等各国,就业女性数量上没增加,工作也大多是小时工等低收入工种,唯一留下的就是对全职主妇的优待政策,所以都陷入了财政危机。

时任首相野田佳彦在民主党党首选举的演说以及就业国策演说中都曾指出,现在日本的中产阶层人数正在减少,并阐述扩大这一阶层的必要性。总结欧美、亚洲新兴国家的教训可知,在现在的经济状况下,要增加中产阶层的体量,除了提升各年龄段夫妻双职工的比例以外别无他法。并非提高税金,而是完善夫妻共同安心工作的职场环境,也许这样做有些费时费力,但这才是从根本上解决财政危机的手段。

成熟社会的最终走向
——向往"虚构"而故步自封的日本

将虚构商品化的才能

这是发生在我去三得利美术馆(东京都港区)欣赏"茑屋重三郎[1]展"时候的事情。茑屋重三郎作为捧红了浮世绘大师喜多川歌麿、东洲斋写乐的出版商而广为人知,他还出版了大量带有插画的娱乐书籍,是江户中期将庶民文化发扬光大的第一大制作人。

经常有人说现在的日本和江户时代很像,我认为在整个江户时代中,将现在的日本比作18世纪后半期的江户时代中期会比较合适。

到了江户时代,战国时代已经成为历史,社会逐渐安定的

---

[1] 茑屋重三郎(1750—1797),江户人,江户中期的书商、狂歌作者。——译者注

同时，元禄时代以来的经济增长也宣告结束。随即进入了倡导俭约的时代，整个社会被一种闭塞的氛围笼罩着。在闭关锁国期间，即使外国船只相继来访提出通商要求，全球化的动向还是遭到了无情的压制。在这样的状况下，经济增长停滞，人们在通货紧缩中艰难度日，即使有全球化的压力冲击，国内改革无进展的状况与现在的日本极其相似。

此外，战国时代有"下克上"[1]的社会风潮，是一个倡导能力主义的社会，然而到了江户时代，各阶层身份被固化，无论多有能力也不能从事与父母不同的职业，阶层上升的机会几乎为零。人们担心阶层的固化，一旦作为非正式职员被雇用就很难成为正式职员；而成为正式职员后就能彻底安心，很多人不愿意去国外，希望维持终身雇佣制和年功序列制的薪金体制。从这些层面来看，现在年轻人的境遇与江户时代确实存在共通的情况。

经济停滞、生活成本提升、才华无望施展，活在这样充满闭塞感的现实生活中的人所追求的就是虚构的世界，或者可以称之为能让人暂时忘记现实无趣生活的"梦幻世界"。在那个世

---

[1] 日本历史上指位于下位者推翻上位者，在政治、经济上夺权的行为。——译者注

界隆重登场的就是茑屋重三郎。

对于当时的男性而言,梦幻世界里排名第一的就是吉原[1]。在吉原和游女[2]寻欢作乐,对于单身和已婚男性来说都是梦寐以求的事。茑屋制作了吉原游览手册,发行游女排行榜单,并且还让歌麿等浮世绘大师画游女们的画像,也就等同于制作现在的红灯区指南、性服务工作者排名榜单并绘制她们的宣传照片。或许背地里还贩卖春宫图(也就是色情图画)也未可知(这次展览并未展出相关作品)。

男人们也并非可以经常去吉原。肯定一边看着花街柳巷的指南或者游女们的画像,一边想象着去梦幻世界自娱自乐。茑屋发现了一个支撑人们沉溺于梦幻世界的产业。

对当时的女性而言,梦幻世界大概就是歌舞伎吧。茑屋采用当时最新的技术,运用多色套印来制作歌舞伎演员们的豪华宣传照,在这方面取得了很大的成功。将偏爱的歌舞伎演员的浮世绘买回家的话,在家里也可以品味梦幻世界的氛围。按照当今的说法就是买了喜爱的明星的 DVD 或在网络上付费观看其出演的影视剧。面向一般老百姓大量发行有插画的小说,这

---

1 日本最知名的花柳街吉原是江户时代公开允许的妓院集中地,位于东京都台东区。——译者注
2 始于幕府时代的妓女统称。——译者注

一点和现代的手机阅读网络小说非常类似。

沉浸在梦幻世界这种娱乐方式和现代社会是相通的。

整个日本都在借梦想避世

另外一件事是我去地方城市调查时候的事情。很多商店大门紧闭,空气中弥漫着经济停滞的气息。入夜后仅有一个角落亮起了霓虹灯,那里也就是所谓的"欢乐街"。据说这是附近男性们存下工资或者打工收入,一年会来娱乐几次的地方。我采访了附近一位和父母同住的单身女性,她的休息日几乎都是在家看DVD电影度过的,也有人靠着追星度日。的确,大家都在追求梦幻世界里的欢愉。

我感觉希望沉浸在梦幻世界里的人数正在增加,特别是非正式雇佣的群体更是如此。他们做着简单且不安定的临时工作,在现实世界中既没有升职的机会,也没有改善生活的希望;就算是未婚与父母同住,虽然生活基本可以保障,然而未来没有任何希望可言;如果是一个人生活艰难度日的话,应该根本没精力去考虑将来的事吧!可以预见,对于他们来说,追求梦幻的世界是非常自然的事。

在我采访调查的非正式雇佣者中,有人去女仆咖啡馆,但是没有人去风俗夜店。听说也有人像前些时候被判死刑的"掏耳会所"[1]杀人事件的犯罪嫌疑人那样,拿着打零工赚的钱去风俗夜店。即便是足不出户,也有很多诸如动漫、网络游戏等多媒体手段,可以让人沉浸在远离现实世界的"梦幻王国"中。

在过去的调查对象中,有女性将打零工积攒下来的钱用于追星,钱用完了就返回父母家,往后几年继续打工,再度追星,不断循环。即使是已婚女性,喜欢韩国明星、杰尼斯[2]的人也很多。有一个未婚中年女性是杰尼斯的粉丝,她曾说追星就像是在支援自己的儿子一样令人愉悦,可以说她沉浸在假想家人的异想世界里。

在主题公园中独占鳌头的迪士尼乐园,也是因为它能让人暂时同现实隔离,进入梦幻世界度过美妙的一天,所以才能每天都有大批的游客前往。如果是这样的话,现今日本最有活力的产业可以说全是为那些能够让人沉浸在梦幻世界的服务提供支持的产业吧,例如动漫、动漫真人秀、网络游戏以及弹珠赌博游戏等,都属于这个范畴。

然而,这种状况却无法与让现实世界变好的动向产生联

---

[1] 日本新兴的一种较为隐晦的色情服务,男性客人可以头枕在身穿轻薄和服的年轻女性膝盖上享受掏耳服务,此项服务为计时收费制。——译者注
[2] 一家日本演艺经纪公司,以经营男子偶像及舞台艺术表演为主要业务,尤其在日本的男子偶像业界独占鳌头。——编者注

系。江户时代,内有大盐平八郎举兵起义造成的混乱,外有来自欧美列强与日俱增的压力,最终,因国内消费低迷而由地方中较有实力的藩开始推行改革。

如今日本的停滞该如何打破呢?不要让社会崩塌,最后仅剩文化,我一边看展览一边思考着。

后福特主义时代的工作方式和家庭形态
——为何穷忙族大量出现

流动的简单劳动无法消灭

在讨论穷忙族时,有一个必要的前提条件,那就是无法消灭"流动的简单劳动力需求"。这个前提条件一直被讨论应对穷忙族的人们所无视。

派遣员工、自由职业者、外包员工、契约员工等多种不稳定非正式工作的劳动者承担着这种流动的简单劳动。准确地说,因为对流动的简单劳动力的需求增加了,非正式雇佣的劳动者数量也就随之增加了。也就是说,就算禁止非正式雇佣工作形态,但流动的简单劳动力并不会消失。

在这里,"流动"一词含有非全职且不需要长期工作的意思。从真正的临时工作,如办公室搬迁的收拾工作(主要由日结工完成),到每天仅在繁忙时段雇用几小时帮手的销售工作,再到制造业的临时工那样,"只有销路好,产品畅销"的时段才有的工作等。

"简单"包含了不需要特别熟练的技能的意思,日常生活中无论是谁都能胜任的工作,也就是说不需要技能训练。收拾打扫房屋、电脑资料录入、配菜、看孩子等,也可以说是平时在做的事情的一个延伸性质的工作。一部分体力工作仅限于体力好的人才可以做,像电脑的数据处理等工作虽说多少需要一点熟练度,但是如果有人辞职,可以马上雇用别的人,不会阻碍工作的顺利进行,从这个意义上来说,"谁都可以"的劳动也是包含在内的。

于是,将两者进行组合,流动的简单劳动力就成立了。流动的简单劳动一般是和非正式雇佣、低工资有关联,这一事实是非常容易想象到的。对于非长期需要的工作岗位,企业雇用全职正式职员的话,需要为之提供雇佣保障,这对于企业来说是非常不合理的。在日本,一旦成为正式职员,即便是在没有工作的时候,公司也需要支付工资,公司也不可能以没有工作为由轻易地解聘员工。因此企业才会想要雇用仅在有工作可做的时候才会发工资,一旦没有工作就可以解聘的非正式职员

(契约员工、派遣员工、临时工)。因此,流动的工作也就成了不稳定的工作。

另外,从事无需特别的训练,谁都可以胜任的工作,薪水也就容易掉到一个低位水平。无论需要多少这样的劳动力,都可以从劳务市场找到,即便有人辞职也无关痛痒,因此公司也没必要通过设置诱人的薪水来留住员工。在劳动力供给不足的时候也许多少会上涨一点工资,然而只要劳动力供给稍微缓和,马上又跌回最低的薪酬水平。诸如体力劳动等全体从业人员都因工作环境严苛无法忍受的职业,即便如此,只要此类工作无需特别的入职培训,薪金都不会太高。就像驾照等很多人都持有的资格证就不稀奇,持有此类证书的人也不能靠这点来加工资。经验丰富的人可能工资会稍微高一些,但是只要入职培训所需时间短的职种,相应的薪金待遇也不会太高。特别是在现今全球化趋势下,还必须考虑外国劳动力竞争的加入进而引发的整体薪酬下降。

自动化、IT化的发展

对经济发展来说,流动的简单劳动力被广为需要,其原因在于资本主义经济的巨大转型,也就是伴随着从"造物"为中心的工业经济转换到后工业经济所衍生的需求。在此,我们遵照经济学家罗伯特·赖奇的术语,将其称为"新经济"[1]。

在此,可大致划分为两个根本的理由。其一,商品的生产者(包含流通、贩卖),这是简单劳动力增加的主要原因。其二,消费者,这是流动劳动力增加的主要原因。

从生产者来陈述理由的话,那就是由于科学技术的发达,推进了自动化、IT化的不断发展。在生产中使用机械在产业革命以来彻底成为现实,此外,为了不断提高生产效能,还推进持续的设备改良。20世纪80年代以后发生的变化尤为显著,主要是缘于精密电子器械如电脑、手机以及网络的普及。

以前一直依靠人工进行的作业现在由机械(电脑等)代为完成,这样一来,人类只能专注于机械无法替代的领域。说到机械无法完成的工作,首先想到的是具有创造性的智慧型、知识型工作,也就是设计机械、研发新产品、设计、人力资源管理等工作。从事这些工作的人,对于企业来说是不可或缺的,要求具有专业知识、技能,因此通常是聘为正式职员。

但同时,有些过于简单、机械无法完成的工作也增加了。也就是随便哪个人都可以做,但是让机械来做成本又很高的工作,即在生产、流通、贩卖等过程当中,人力成为机械的帮手,从

---

[1] 罗伯特·B.赖克.胜者的代价[M].清家笃,译.东京:东洋经济新报社,2002。

事一些补充性的工作。这样的工作在近20年的商品生产现场正在以迅猛的速度增加。

例如工厂的自动化不断发展。工业产品的制造依靠的是高度自动化控制的机械,只要把原材料放进去,不论是集成电路,还是柿种米果[1],成品都会自动被加工出来。然而,对于成品品质的检查,机械是无法完成的。某个制造精密部件的小企业,有将近一半的员工从早到晚都在用检测仪器做成品部件的检测工作,精密部件是绝不允许出现问题的。现代家电产品和汽车主要是靠将IC芯片等多个精密部件进行组合,使之按照指令做相应动作,其中只要有一个部件是不良品,产品就无法正常运行,因此人工的检测是不可或缺的。此外,对自动化设备生产出来的柿种米果进行筛选,将其中外形残破的选出来等作业也只能依靠人工。此外,清扫机器设备、剪开包装袋将原料倒入机械内,此类工作也只能由人来完成。在制造业的现场,很多人力从制造过程中被挤出来,只须作为机械的帮手补充性地做一些无须动脑筋、花心思的简单工作。

事务性的工作也是如此,由于IT技术的进步,劳动力正在

---

[1] 源自日本新潟、形似柿子种子的一种米制点心,常作为下酒菜。——译者注

两极分化。以会计工作为例。会计工作需要进行复杂的计算和票据处理,在企业中也被明确地视为专业性较强的工作。然而,随着电脑等的普及,会计的工作情况也发生了变化[1]。随着会计软件的导入,以前由10个正式职员在干的工作,如今只需要2—3个正式职员和5个派遣职员就可以完成。只要将票据的数据输入电脑,电脑就会自动进行复杂的计算。什么都不用考虑,只须按照操作手册的指示录入数据就可以了,这也是人力成为机械帮手的例子。

让我们来看看流通领域。现今,要了解什么样的商品在什么地方畅销,只要使用POS系统就可以马上知道。并且如今网购盛行,但是商品不会自动发出去,需要运送的人员,因此需要大量能根据系统指示将商品送到店面和消费者手中的人。

销售世界也发生了变化。超市、家庭餐馆、快餐店、便利店遍布全国,它们的销售员不需要专业知识,只要按照工作手册将商品卖给顾客、收钱就可以了。什么样的商品更好卖,应该提供什么样的服务无须销售员来考虑。为什么呢?因为如何备货由企业核心层决定,服务的方式在工作手册上有规定,对于在这些行业工作的人来说,"熟练"是不需要的。

---

1 根据日本会计协会的公听会。

物质丰富的消费型社会、多样少量的生产模式、服务业的发展

接下来,我们来论述消费者的理由。社会整体较富裕之后,消费者的消费能力就会超过生产者的生产能力[1]。不仅是因为需要所以消费,而是在喜欢的时候买喜欢的东西(购买实物或服务)。于是,少数品种、大批量生产的体系逐渐分崩离析,不得不切换为多样少量生产的体系。加之消费者易变的消费心理,并不会一直购买相同的东西,因此,商品和服务需要经常推陈出新。

畅销的东西发生变化,生产者必须根据变化调整生产系统,生产卖不出去的东西的人必然会失去工作,而新打开销路的商品生产现场必然需要新的劳动力。也就是说,劳动力的流动成为必然。而且如上文所述,在自动化和 IT 化不断发展的新经济形势下,市场需要不必费力培训上岗的劳动力。如果汽车大量出口,就需要大量从事重复组装作业的简单劳动力;如果车子卖不出去了,这些劳动力自然也就不需要了。如果在地

---

[1] 罗伯特·B. 赖克.暴走的资本主义[M].雨宫宽,今井章子,译.东京:东洋经济新报社,2008。

方开快餐店,就会雇用当地的兼职人员,但如果因为效益不好而撤离的话,雇佣人数就会减少。

随着服务行业的发展,旺季和淡季的问题逐渐凸显。售卖商品、服务时,存在客多和客少的时间段。也就是说,客流高峰期时需要很多为顾客提供服务的劳动力,客少的时候一小部分劳动力就可以满足需求。如果是物品,可以提前做好备用,没有市场竞争时稍作等待,然而在竞争激烈的社会里,"等待"本身即意味着没有竞争力。加之随着工作时间的多样化,出现了想在晚上甚至深夜买东西、享受服务的顾客群且数量不断增加。于是,生产者自然就需要雇佣时间上能灵活调整的劳动力。

随着女性进入社会、参与职场,家政服务需求增加了。如今,家务活也可以由市场来提供服务了。具体的工作主要是做饭、看护老人、照顾孩子等,这些工作也基本可以划归到流动的简单劳动范畴内。正如父母照顾自己的孩子不需要特殊的技能那样,家政服务也基本不需要"熟练"。不论是做饭还是照顾老人孩子,因为需要在顾客指定的时间段内提供服务,所以这种工作也就成了不定期、不稳定的职业。受雇于公共部门的正式公务员情况有所不同,但如果这一职位市场化,雇员就会面临与一般兼职工一样的工资水平压力。

流动的简单劳动的雇佣形态

如上所述,由于生产者和消费者的影响,流动的简单劳动力开始被大量需要。并且,企业没有理由长期正式雇用日益增多的、流动的简单劳动力。因此,全球化和劳动法律规制的缓和,反而会产生一种压力,将流动的简单劳动力转换为派遣员工、合同工、临时工、兼职工等所谓的"非正规"雇佣形式。这种情况在所有发达国家都存在。

关于雇佣形态、劳动保护,每个国家的情况都有所差异。例如美国,没有解雇管制、对劳动者几乎没有任何保障的国家,不需要改革就能轻易应对流动的简单劳动力增加的现状;荷兰为了应对劳工的流动化,消除了全职和兼职的待遇差别;而法国,不论对正式职员还是兼职人员,都有强有力的解雇管制以及劳动保障。因此有些国家的简单劳动力的流动进展并不顺利。在欧美很多国家,实际情况是流动的简单劳动中的一部分依靠移民来调节。

但是在日本,对于正式职员有解雇管制保障其权益,而正式职员以外的雇佣者基本没有解雇管制。此外,移民除了一部分日裔巴西人之外,在法律上基本都被挡在了简单劳动领域外,流动的简单劳动实际上是由各种形态的非正式雇佣的日本人来承担的[1]。

工业社会——福特主义体制

如上所述,资本主义在发展过程中向新经济的转变使劳动形态发生很大的变化。经济发展转型给称为福特主义的劳动形态带来了巨大变化,劳动形态的变化不可避免又会引发家庭形态的变化。

与工业社会相适应的劳动形态,被称为福特主义。在通过装配线进行大量生产的同时,提出"用自己的工资购买自己生产的产品"的口号,也就是说,在提高生产效率、降低生产成本的同时,尝试提高工人的工资,提高熟练工人的稳定率。

尽管机械化程度越来越高,但工业社会仍需要熟练工人来制造产品。在信息技术不发达的时代,办公、流通、销售等工作都需要业务熟练的文员、业务员和销售员。工人、办公室人员与业务员等,从事新的岗位的话,都是一边看着前辈们的工作不断学习,慢慢地自己也能上手逐渐成为业务熟练的员工。其结果就是,劳动者依靠终身雇佣制在企业里工作,回报就是可

---

[1] 例如,美国临时照看婴儿的保姆被视作可以由女高中生来担任的低薪兼职。在日本,有公务员身份的保育士和私立保育园的保育士收入悬殊,前者收入可比后者高出几倍。

以领取足以养家糊口的薪金。

这是劳动形态和家庭形态配合默契的一个体系。也就是说,在19世纪,普通工人也可以拥有一个男女分工的家庭,丈夫工作,妻子做家务,这是中产阶级的象征。男性以长期稳定的雇佣形式工作,妻子在家从事再生产劳动。

当然,工业社会也需要流动的简单劳动力。然而,在自动化还在发展、产品的寿命长、服务业也尚未发达的情况下,对于流动的简单劳动力的需求相较熟练劳动者来说较少。特别是男性正式职员,让其从事不需要熟练技术的简单劳动对于企业来说是不合理的。因此,在日本,几乎不需要教育培训、时间灵活的兼职工作,主要由学生、主妇以及农民等个体经营者,即由不需要这部分收入维持生计的人来承担。也就是说,从事流动的简单劳动的非正式职员,他们要么有父母或者丈夫可以扶养自己,抑或有家业可以继承,因此不需要给他们足够养家糊口的薪水。

换句话说,在福特主义体制下,有着这样的功能区分,以维持相应的系统均衡与安定:

负责维持家庭开销的人(成年男性)	长期稳定的正式职员	生活费
无须维持家庭开销的人	不安定的非正式职员	低收入

后福特主义下的日本现状

后福特主义时代,指的是对流动的简单劳动力需求增大,仅是无须维持家庭开销的人的供给量已经无法满足需求,甚至负责维持家庭开销的人都必须成为此种劳动力的时期。从劳动者一方来看,长期稳定、加薪有望的正式职员比例减少,也可以说负责维持家计的男性,以及即将进入劳动力市场的男性中无法成为正式职员的人数增加(女性中有较高专业技能的骨干劳动力进入社会,导致成年男性所占份额减少,也加剧了男性正式入职率降低[1])。

如上所述,流动的简单劳动力的劳动形态各国都不同,基本上都是相对不稳定(不知道什么时候会被解雇)、低工资(仅靠此收入无法保障生活)。

这会引发两个问题。其一,流动的简单劳动由谁、以何种形式承担?其二,后福特主义时代的家庭生活应该如何构建?这两个问题是联动的。后福特主义时代,在工业社会福特主义体制已经普及的背景下,性别分工的家庭形态明显

---

1 D. 埃斯平·安德森.后工业经济的社会基础[M].渡边雅男,渡边景子,译.樱井书店,2000。

是不成立的,因为工作不稳定、收入低的男性是不可能供养得起妻小的。

在欧美,流动的简单劳动力中有相当大一部分是由发展中国家的移民承担的。即便是不稳定低收入,但比起发展中国家简单劳动力的薪金水平来说还是要高很多。因为基本不需要培训,所以只要克服语言上的问题,谁都可以做。因此,只要接收移民,简单劳动力需求增加的问题就可以得到很大的缓解。只是移民本身的生活,还有第二代移民的问题等,又会以别的形式成为新的社会问题,这是一个弊端。

在日本,新增的流动的简单劳动力需求则由年轻人来承担。在日本,对男性职员的解雇管制较严,终身雇佣、论资排辈的观念根深蒂固。这些规则虽然确立于战后经济高速增长期,实际上直到现在仍在持续。企业凭应届生统一录用惯例雇用正式职员,在终身雇佣的保障下享受年功序列制的薪资待遇。在1997年的金融危机后,这样的惯例原则上仍然被保留了下来。这样一来,传统企业必然通过减少正式录用应届毕业生和扩大非正式职员规模的方法来应对增加的流动的简单劳动力需求。婚后、产后继续工作的女性人数增加,正式聘用应届毕业生的需求进一步下降。此外,新兴的服务业如快餐店、便利店等,原本正式职员就占少数,更多的是雇用兼职员工。

因此,从学校毕业的年轻人们就分别踏上"正式职员"和脱离此轨道的"非正式职员"两条截然不同的道路。一旦被雇用为非正式职员,要想中途变道会非常困难。这样的状况从20世纪90年代后半期就开始了,所以非正式雇佣群体的人数也相应增加了。但是在日本,大多数未婚的年轻人属于工作不稳定、低收入的非正式职员,也就是我说的单身寄生族,他们中的绝大多数都和父母一同居住。也就是说,父母承担了他们的社会保障角色。其结果就是对结婚抱迟疑态度的年轻人数量增多,引发了少子化现象[1]。

何为针对穷忙族的可持续对策?

由日本父母构筑的社会保障体系是不可持续的。理由一,父母无法保证永远给子女提供支持。二三十年后,现在支持非正式雇佣的子女的父母大多数都将去世。那时,工作不稳定且收入低的"原年轻一代"就会被抛回社会。理由二,父母们也逐渐有心无力。原本支持非正式雇佣的年轻人的父母们的经济

---

[1] 关于这点请参照山田昌弘《少子社会》(岩波书店,2007;上海教育出版社,2021)、《新平等社会》(文艺春秋,2006)。

状况也在持续恶化。无法"啃老",也无法找到正式职员的工作,连保证基本生活的收入都无法获得,陷入这样困境的年轻人越来越多。他们只好成为穷忙族被迫艰难度日。

话虽如此,然而对流动的简单劳动力的需求是不可能被消除的。这样的工作对于社会来说是不可或缺的,必须给予保留。如果为了解决这个问题,企业去雇用一批不能解雇的正式职员,发放能够保障生活的工资,那么产品和服务的价格就会上涨到离谱的程度;如果消除劳动力的流动,则会造成严重的社会效能低下。当然,日本社会仍然是有选择余地的,但是大多数国民应该无法忍受其带来的负面效应吧。

如此,针对穷忙族的可持续对策,除了认可流动的简单劳动力的必要性,还要在此基础上来考虑如何帮助从事这些工作的人们保证生活稳定,对未来抱有希望。

为了维持稳定的生活,必须重组社会保障体系。为了提高低收入非正式雇佣者的生活水平,必须导入最低收入保障制度。为了让他们能够忍受劳动力的流动性,还需要配套非正式雇佣者、个体经营者也适用的失业保险。并且,必须保障非正式雇佣的年轻一代今后能够有晋升为正式职员的路径。最关键的是,必须改变应届毕业生统一录用惯例。为此,必须进行大规模的制度改革,通过消费税等方式要求国民一起承担改革成本。如果不执行这样的对策,二三十年后,日本也许会遍地都是穷忙族。[1]

---

[1] 关于这点请参照山田昌弘《穷忙族时代》(文艺春秋,2009),《为何年轻人变得日益保守》(东洋经济新报社,2009)。

第五章

为了日本的复兴

从家庭社会学的角度提议

国会应充分发挥职能作用
——重申育儿补贴的必要性

育儿一代的实际收入减少

育儿补贴已经完全沦为当局的工具(注：截至本书写作的2011年)。育儿补贴到底有何意义？为何有设置的必要？对此没有过任何的讨论。

在野党把育儿补贴法案作为打倒执政党的工具，而拥护这一政策的执政党也只把它作为兑现选举承诺的面子工程。在这种情形下，政府对于育儿家庭的现状并无任何关怀，仅作为配齐议员数量的一个对策而奔走。在政治家的世界里，养育孩子的父母一辈无论变成什么样都无所谓吗？

我曾在2010年的参议院预算委员会的听证会上，就支持育儿补贴进行了相关的陈述。这一政策有必要的理由就在于，随着年轻一代经济能力的式微，在近15年间，育儿家庭的贫困化问题一直在加剧恶化中。希望以育儿补贴进行现金发放的理由在于，这是提高育儿家庭经济能力最有效的手段。接下来我依次进行说明。

1990年代后期以来,经济停滞,非正式雇佣规模不断扩大,给年轻一代造成巨大的负面影响,这一点已是共识。中老年人一代的雇佣、薪金未受影响,年轻一代人的非正式劳动化进程不断推进,即便成为正式职员,年轻一代的薪金也难有提升。

问题在于,苦于收入低下的年轻人刚好就是适婚、育龄的这一代人。其消极结果之一就是和父母同住的单身者人数增加,导致不婚化,进而引发少子化问题。正是因为没有足够的收入维持婚后的生活,所以即便结婚了,也是不得不一边育儿一边过着艰难生活,这样的年轻人越来越多了。

根据总务省全国消费状况调查的分析可知:养育学龄前儿童家庭的年收入自1994年达到峰值以来一直呈下降趋势,到了2004年,年收入实际上已经退回到1989年的水平。如果仅看单亲妈妈家庭的话,年收入甚至低于1984年的水平(表5-1)。虽无最新的数据,但自雷曼兄弟破产的金融危机至今,应该没有出现高于2004年的情况,而这还只是针对家中养育着婴幼儿的调查结果。在日本,随着孩子上初中、高中、大学,所需花费越来越多,生活只会变得越来越困苦。

日本经济自20世纪90年代后期到21世纪初均保持着每年1%—2%的增长速度。然而,这种基于大环境的经济增长并

表 5-1　学龄前儿童家庭的实际年收入

（单位：万日元）

	1984 年	1989 年	1994 年	1999 年	2004 年
学龄前儿童家庭	509	556	595	579	553
单亲妈妈家庭	236	230	296	242	211

注：中位数已根据 2005 年的物价水平进行调整。
出处：总务省统计研究所"Research Paper 第 20 号"（山田昌弘、金原茜《学龄前儿童家庭的收支状况调查：基于全国消费状况调查的个案分析》）。

未惠泽育儿家庭，育儿家庭的实际收入反而变少了。另一方面，老年人领取的年金没有任何的变化。也就是说，社会整体生活水平并未发生变化，只是在职一代人的生活水平不断降低。在这样的效应下，想结婚生子的人也变得裹足不前、踌躇犹豫了。这将成为一个恶性循环，导致日本经济不断倒退。

低收入的母亲为数众多

通过彻底的改革而将收入分配适当向年轻人倾斜——有这种想法的不仅是我，东大经济学教授玄田有史、大阪大学教授大竹文雄、日本政策投资银行的藻谷浩介（现任职于日本综合研究所）也持有同样的主张。在发达国家中，日本政府对于税金、保险费等进行再分配时，分配给老年人的份额较高，分配给年轻人尤其是育儿一代的非常低。

给年轻一代增加收入的最有效的手段就是发放育儿补贴，只有育儿家庭的父母才可以领取，这么做应该会促进年轻人结婚、生育吧。如果有两个孩子，父母每年可以足额领取62万日元，即便按照现在的标准也可以领取31万多日元。有了这笔津贴，多少可以弥补自1994年开始持续减少的收入。

育儿补贴是旧制儿童补贴与所得税扶养扣除[1]的组合，显然优于旧制度。但扶养扣除的累退性很强，父母的收入越高，税金返还力度越大，这样一来，对扶助低收入家庭毫无意义。有收入限制的儿童补贴金额太少。也就是说，对于中低收入的人来说，这基本是没什么优惠的制度。

针对育儿补贴的批判声中，有一种意见指出发放给高收入家庭是不合乎道理的。这一质疑也凸显了对发放育儿补贴家庭的收入把握和发放对象该如何划定范围，即该如何划线的问题。如果基准线设定得太高，育儿家庭中高收入的人较少，实施政策所耗费的无谓的经费会更多；基准线设定得太低，必将引起基准线上下收入层的不满。然而，其实只要通过提高对高

---

[1] 纳税人存在税法规定中须赡养的老人和养育的子女可依法减免一定数额税金的制度。——译者注

收入者的税率来应对就好了,将育儿的高收入者和不育儿的高收入者区别对待才是最需要做的事。

也有意见指出应该将钱用在设置保育所[1]、育儿咨询中心等方面。然而,我认为这个才是最不了解现在育儿家庭现状的意见。保育所设施的不断完善的确是有必要的,然而,更为严重的问题是育儿家庭中的母亲找不到工作。家中有学龄前儿童的母亲的就业率仅三成左右。单亲妈妈家庭中的母亲大多数都是有工作的,但是这十五年来,她们的收入却大幅度下滑。

完善的保育所规划对于可以找到正式工作的母亲来说的确是个好消息,但是,对于本身就找不到工作的母亲,或者即便找到工作也仅能从事一些低收入的小时工的母亲来说毫无意义。对于居住在地方上、没有工作的育儿女性来说,育儿补贴有多么重要,大众媒体难道不应该多多宣传这些母亲的真实心声吗?

也有人批评指出有家庭领取了育儿补贴后没有用在育儿上,而是存进了银行。但是对于育儿补贴是否能持续发放尚且存疑的现阶段,这些父母可能只是暂时不敢乱用所以存起来了吧。此外,如果这些补贴是作为孩子今后的教育基金而存起来

---

1 因父母工作或生病无法照顾幼儿,代替家庭照顾幼儿的保育机构,由厚生劳动省管辖。——译者注

的,若干年后肯定还是会用在孩子身上的。毕竟不管是否有育儿补贴,父母都会为了子女将来的教育费用而储蓄,这与老年人的储蓄性质完全不同。

如果育儿补贴被当成政治斗争的道具遭遇停发的话,父母们应该如何相信政府进而安心育儿呢? 如果真是这样,我敢打赌,今后日本的少子化现象将会愈演愈烈。我认为越是遭遇地震灾害这类非常严重的灾害,越是应当对生育孩子的父母们给予特别的优待。

对老年人温柔,对在职一代冷漠的日本政治
——育儿一代更受冷遇,少子化陷入恶性循环

在职一代蒙受损失

解读近年的财政相关政策走向就会发现,社会对于正在工作、育儿的在职一代越来越苛刻。虽说善待想工作却无法工作的人是件好事,但是,最终将因此出现的矛盾转嫁给正在工作的人,这样真的好吗?

如果废除育儿补贴,那么将恢复原本有收入限制的儿童补贴政策。无论收入高低,对养育孩子的人给予优待才是这一政

策的本意。虽说育儿补贴惠及高收入者有些不妥，但是我认为有必要将育儿高收入者和非育儿高收入者进行区分对待。随着这种政策的变化，育儿的高收入者得到的补助将进一步减少，而对于已结束育儿阶段的中老年人及高收入者来说则不会有任何变化。据说高中教育无偿化也要面临重新审议，这一记记重拳直接打在育儿一代人的身上，不断加重这一代人的负担。

经济学家原田泰提议：如果认为育儿补贴是乱撒钱的制度，那么一半由国库承担的老年人基础年金也一样，不如干脆将基础年金改名为老年补贴如何？将基础年金的一半，也就是每月3万日元（上限），随意发放给65岁以上的老年人。如果要按照针对育儿补贴的要求来处理基础年金，首先就应该停止发放高收入老年人基础年金的一半才合乎道理吧？比起育儿一代，更加优待老年人的理由是站不住脚的。

民主党政权为了筹集赈灾复兴的资金，提高了所得税的税率。大概是因为觉得提高消费税太难，在所得税上做文章应该没有人抱怨。但是，正因如此，又进一步加重了在职一代人身上的负担。在职一代的劳动所得需要缴纳税金，还要储蓄和还贷等，消费比收入少。而老年人在领取年金时可以享受减免，再加上很多人靠存款生活，所以消费高于收入的情况较多。因此，同样是增税政策，所得税的增税是最终导致在职一代遭受损失更大的一种方式。

此外,国家公务员的收入也有缩减趋势。民营企业员工收入减少的情况下,出现了质疑公务员收入保持不变的声音,同时也有"为了节省财政支出实属无奈之举"等多种意见。只是,我曾听到有个公务员感叹道:"一直以来都在兢兢业业地工作,但为什么薪水却少了,生活水平也降低了。真不明白自己到底是为了什么在工作。"

的确,民营企业员工的收入减少趋势比较显著。收入低的非正式雇佣人数增多,正式职员的收入也不增长。由于经济停滞的影响,在职一代的生活水平明显下降。并且,遭受冲击比较大的正是非正式雇佣率较高以及即便是正式职员但收入也偏低的年轻人。特别是还处于育儿阶段的年轻人的生活水平,在这20年间一直在下降。

也有收入水平没下降的人,那就是以领取公、私年金为主要收入的老年人。我分析了目前人数激增、与父母同住的未婚中年人的经济状况。在此,我们以一个35岁以上的未婚子女的收入动向和同住的老年父母的收入为例进行说明。

1994—2004年的十年间,高龄父母的收入合计自1999年达到峰值后一直在逐渐减少(442万日元→485万日元→435万日元),这是因为老年人的劳动收入多少也有些下降。但是,

表5-2 与35岁以上未婚子女同住的夫妻及其子女的平均年收入

(单位:万日元)

	1994年	1999年	2004年
父母(一家之主)的年收入	373	390	345
父母(一家之主的配偶)的年收入	69	95	90
子女的年收入	204	195	138

注:全国消费状况调查的个案分析(援引自山田昌弘和学艺大学副教授苫米地伸的分析)。

出处:总务省统计研究所《第20号调查报告》(山田昌弘、苫米地伸、金原茜《住宅家族形态的变化和经济状况的变动间的关联研究——不规则的世代及其经济状况的变化》)。

老年人收入的主要部分是年金,这块收入一直得以维持不变,因此收入减少得比较少。与此相对,与父母同住的未婚子女的平均年收入减少幅度则较为显著(204万日元→195万日元→138万日元)。

与老年人同住的未婚中年人中因失业、非正式雇佣人员较多,才会出现这样的低收入情况,即便如此,这样的收入降低速度也不正常。在职一代收入降低的趋势不断恶化,因此,苦于经济负担无法结婚或离家独立生活、一直依靠父母的年金过活的单身者人数持续增加。

更加扭曲的再分配结构

近十年日本经济停滞,通货紧缩严重扭曲了日本社会的再分配结构。一方面,老年人的数量不断增加,但年金却维持不变;另一方面,在职一代的收入持续下降。通货紧缩对于持有金融资产且依靠理财投资等获得收入度日的老年人来说十分有利。要纠正这个偏误,最好的手段难道不是发放育儿补贴,实现高中教育无偿化以及作为上述措施财源的消费税增税等,从税制和社会保障层面双管齐下,实施一体化的改革吗?

但是育儿一代的补助即将被取消,政府未选择消费税增税而是选择增加所得税,朝着让在职一代减薪的方向运作,这样一来使得本身就扭曲的再分配制度更加偏离正轨,在职一代的负担加重,也就是说进一步降低了育儿在职一代人的生活水平,试图牺牲他们的利益来维持老年人的生活水平。对于收入较少又得不到经济支援的育儿一代来说,维持生活水平的手段只有减少养育的孩子数量,于是又加速了少子化进程,这样的状况形成了恶性循环,使得经济停滞的状况进一步恶化。

我并不是说要把老年人的年金降为零。我想表达的是,必须要纠正目前偏向老年人的再分配结构,将地震和财政赤字造成的后果,从完全由在职一代承担转变为老年人也一同公平地承担才更加合理。

社会财政学家艾斯平-安德森指出,在老龄化加剧的发达国家,因老年选票数量增加,所以很难实施削减老年人既得利益的政策。2010年,日本65岁以上老年人口占比为23%,高居世界首位,有选举权的人中有大约三成的选票都来自领取年金的老年人。在日本,政治格局上的事实就是,若与老年人群为敌,就很有可能无法当选。

一位我认识的老年人曾经放话道:"我死了以后这个社会变成什么样子都无所谓!"我希望老年人不要都抱着这种想法。

遏制少子化的有效对策
——取消冠夫姓制度(推动夫妇别姓)

一直延续至明治中期的夫妇别姓

政权交替后,民主党执政,眼见着终于可以实现民法修正。可选择的夫妇别姓制度、废除非婚生子女的继承权差别等改革内容都已经列入相关法案中。这个法案本身沿袭了1996年自民党执政时期开始实施但最终不了了之的法案,并非新事物。但是,热议的夫妇别姓制度因为误解比较多,所以我想在此仔细探讨一番。

首先,有必要提前强调一点,国家通过法律强制规定夫妇姓氏一致的情况,除日本外基本没有。欧美等国因为基督教(天主教)传统根深蒂固,因此,强调夫妻间纽带的国家将夫妇同姓作为惯例;中国、韩国等儒教传统影响深远,重视血缘的国家将夫妇别姓作为惯例。但这些都只是作为惯例,大多数国家并未强制规定。

在中国,据说在改革开放后曾有过一阵夫妇同姓的风潮。据说是因为一些人觉得选择夫妇同姓和欧美国家类似,比较时髦炫酷。但是,如今这股风潮已不存在。在美国,婚后夫妇的姓氏可以由自己决定,国家不会强制。然而现实中,如前国务卿希拉里·克林顿那样,即便是职业女性,选择随夫姓的人也占大多数。

那么,日本的习惯如何呢?实际上,在旧民法(1898年施行)制定之前,直到明治时代中期,和中国、韩国一样,夫妇别姓是习惯。和源赖朝结婚的北条政子,一直到她死都被唤作北条政子;足利义政的正室也是一辈子都被称为日野富子。基督教传入日本的战国时代,有一部分夫妇同姓的例子(如死后被基督教徒称作细川伽罗奢[ガラシャ音译]的明智光秀之女),但总体来说都是些特例。日本是一个传统的夫妇别姓国家。此外,庶民即便本身有姓氏,日常生活里也基本不使用。但是,明治政府全盘否定了日本的传统,制定了强制实行夫妇同姓的法律。

明治政府强制实行夫妇同姓的理由只有一个,那就是推行西洋化政策。正如被称为"鹿鸣馆时代"一样,当时日本为了不被西欧各国视作野蛮的国度,引进了大量各式各样的西洋习俗,其中之一就是夫妇同姓。正如政府颁布"断发令"特别禁止留发髻一样,被视为野蛮的夫妇别姓也遭到禁止,强行规定施行夫妇同姓。政府的干涉介入百姓的日常生活层面,强行"西洋化"的结果之一就是要求夫妇同姓。

当然,政府内部也有过争议,制定民法时还讨论过侧室制度化(从法律上保护侧室的地位),但最终形成制度的还是一夫一妻制以及家长权较强的德国式家庭形态。其副产品就是夫妇同姓。

在夫妇同姓强制执行一百年之后的1980年,以三种思潮为背景,提倡选择性实施夫妇同姓制度的讨论开始变多。

其一,以女性自立为目标的女性主义思潮。因为结婚改变自己姓氏的以女性居多。现实中因更名造成工作上的不便以及由于失去自我引起心理不适,为了避免这些不利因素,为了贯彻男女平等的原则,因此主张认可夫妇别姓。

其二,新自由主义思潮。该思潮的主旨是国家本不该插手国民家庭的事务,在家庭领域应该推行规制缓和。纵观美国史上第一位离婚的总统里根、小泉首相、法国前总统萨科齐就会发现,在经济领域推进新自由主义的人大多在家庭领域也是注重自由的人。

强制夫妇同姓是引发少子化的原因之一

第三种思潮虽不为人道,却是源于祈愿家族姓氏永存的传统意识。由于少子化,只有独生女的家庭在增加。同时,次子、三子急剧减少,很难找到入赘女婿。希望女儿婚后保留自家姓氏的现实需要推动了夫妇别姓。自民党议员中的夫妇别姓推进派中,家里只有独女或者本人就是女性继承者的人居多,也是出于这个原因。

也就是说,关于推进可选择的夫妇别姓制度,其背后由女性主义、新自由主义以及希望延续家族姓氏三股立场完全不同的势力拉起了一条统一战线,但彼此又装作不知道其他二者存在。

因此,当1994年法制审议委员会上提出民法修正试行案时,该法案就因所谓的破坏日本传统、破坏家庭纽带这样"基于误解"的意见而被放弃。如果真要复兴日本传统就更应该主张恢复夫妇别姓制度,并且如果按照他们的逻辑,那么,中国、韩国的家人间就没有一体感可言了吗？大体上在民法尚未修改之时，离婚人数增加了一倍以上。

最近，民法修正案再次被提出，有政权交替的原因，还有一个原因：2009年8月，联合国消除女性差别委员会的最终报告，其中对日本提出了"应及早修订有关女性差别对待的民法细则"的劝告。

但是，从女性主义的角度来看，夫妇别姓的呼声并不高。因为随着通称使用[1]的普及，除户籍之外，在职场、家庭都使用旧姓的情况较多。新自由主义的潮流也已平息。

现在最期待夫妇别姓的大概是家里只有女儿但又希望维系自家姓氏的父母吧。我所指导的研究生中，有办了结婚仪式但未提交结婚申请，始终处于焦灼状态的夫妇，据说他们打算等到夫妇别姓制度正式实行后再生孩子。根据内阁府的调查（2006年12月），对于"夫妇同姓会不会导致婚姻困难"的提问，回答"是这样"的三四十岁的人群中不只有女性，男性甚至占了多数。现在已经到了政府也将夫妇别姓作为少子化对策来考

---

[1] 通称指一个人在日常生活和社会上使用的姓名，一般不是户籍上的本名。特别是在工作等社会活动场合，已婚者为了方便，婚后仍使用旧姓作为通称的惯例被称为"通称使用"。日本因为还没有导入夫妇别姓制度，所以允许使用旧姓作为通称。——编者注

虑的节骨眼了。

不论什么理由,扩大选择范围总是好事,真心希望可选择的夫妇别姓制度能早日实行。

女性工作,经济就会好转
——双职工夫妻有助于扩大内需

如果妻子是正式职员,消费力就会增强

经济不景气的一个原因就是内需不足。要扩大内需就必须从占比最大的个人消费入手。然而,个人消费的大部分并非是购买不急需的东西或者高价商品,而是日常的一些开销以及偶尔轻奢一下的消费形式。

在经济高速增长期,年轻人多,很多人都结婚了。他们形成了男主外、女主内的家庭模式。20世纪70年代前后,每年结婚的新人约有100万对,这些结婚的夫妇都需要购买全套家电。

因此,就会进入"商品飞速卖出,企业收益提升,丈夫工资上涨,上涨的工资又给家人买东西"的良性循环。无须做特别的努力,经济增长率也会自然提高。久留米大学教授塚崎公义将这种状况称为"经济增长遮九丑"(参照山田昌弘、塚崎公义《家庭衰退招致的未来》,东洋经济新报社,2012)。

现在结婚组建新家庭的人越来越少,少子化基本已成定局,成年的年轻人结婚率持续走低,2010年一整年的结婚人数仅有70万对。

未婚成年人的大部分(约80%)都不是一个人生活,就是我说的"单身寄生族",因为他们一直和父母同住所以无法组建新的家庭,这样一来就无法增加家庭消费。而大幅增加的独居生活的老年人,生活所需的东西基本上已经买齐了,所以不会产生重大的消费需求。反而可以说他们因为对将来的生活感到不安,控制消费的倾向会更加强烈。

在这种状况下,为了提高个人消费,只有提升每个家庭的平均消费。然而,在职一代的男性工薪族的收入又逐渐下降。因此,已婚女性的工作形态就越发重要起来。

我作为总务省统计研究所的客座教授,分析了由夫妻工作形态引发的消费模式区别。

下文以丈夫是正式雇佣人员(正式职员、公务员)的小家庭为对象,按照妻子的三种类型——1. 正式雇佣;2. 打工兼职等非正式雇佣;3. 全职主妇——进行分类,按照丈夫年收入的不同进行分组,分析其消费行为。

表5-3显示了丈夫年收入500多万日元的例子,即便其妻子以兼职等非正式雇佣形式在工作,其家庭的日常消费也并未增加,只有教育费用增加。由此可见,妻子出去兼职的主要目的在于赚钱补贴孩子的教育费用。

表5-3 家庭形态与实际消费的关系

(单位:日元)

	食物	住所	光热	家具·家务	被服
妻子是正式职员	72 346	18 329	18 043	11 222	18 056
妻子是非正式职员	68 877	13 773	18 516	8 422	12 237
妻子是全职主妇	62 066	23 552	17 057	8 791	12 041
	医疗·保险	交通·通信	教育	教养·娱乐	其他(零用钱等)
妻子是正式职员	11 153	54 771	23 307	36 546	86 045
妻子是非正式职员	10 409	53 025	27 661	31 932	67 626
妻子是全职主妇	11 673	46 883	17 631	29 608	52 650

注:本统计样本设定为丈夫年收入在500多万日元的家庭,表中数据呈现的是各类家庭每月的家用消费额。
出处:《平成二十一年全国消费状况调查》,由本人编辑而成。总务省统计研究所,共同研究会配发资料(2013年3月)。

然而,妻子是正式职员的家庭,消费模式与其他两个模式相比有很大的差异。燃气费、电费和保健、医疗费几乎没有变化,大幅增加的是鞋服相关费用。详细调查后发现,女装和男装的消费额有所增加。

此外,发展、享受费用,以及餐饮费用中的外出就餐费有明显的增长。并且,最大的差别是归类为"其他"的消费类目:妻子是全职主妇的家庭和妻子是正式职员的家庭,每月有着3万多日元的差异。这里也包含了零用钱、交际费用等。

也就是说,即使丈夫的年收入相同,妻子有正式工作的家庭,家人外出就餐时会选择价格更高的食物,不仅是妻子,连丈夫也会穿着品质较好的服装和鞋子,在旅行、交际上也会舍得投入更多,零用钱也较多。这样的倾向同样可见于丈夫年收入在1 000万日元的家庭。

营造对女性友善的工作环境

正式职员夫妇与非正式职员夫妇之间的经济状况差距,可以从各种各样的事例中窥见一斑。

若干年前,我曾听一个地方政府的高层官员如此抱怨:"我算是同期入职的人中升职最快的。但是我有一位同事因为妻子是公务员,住着豪宅,开着高级轿车。我虽然工资高,每月的零用钱却少得可怜,真是窝囊。"这也就说明,如果是两个正式职员结为夫妻,在地方上就可以过上相当富裕的生活。今后这样的贫富差距会越来越大。

然而在现实中,日本和其他发达国家相比,夫妻共同工作的比例较低,仅为60％左右。即便是夫妻共同工作,年收入在100万日元以下的非正式雇佣的已婚女性占大多数。夫妻都是正式职员的仅占在职一代(夫妻都未满60岁)的15％,基本没有年龄层的差异。此外,这15％中还有很大一部分在政府机关工作,也就是同为公务员、公办学校教师的夫妻档。

在日本,与其说拖内需增长后腿的是工作的女性人数一直无法增长的事实,不如说是同为正式职员的夫妻人数无法增长。除日本以外的发达国家,加之除韩国以外的亚洲先进国家中,夫妻双职工是普遍情况,这也是扩大内需、支撑经济增长的重要力量。

在日本也是如此,不仅应该增加工作女性的数量,增加双职工家庭数量对于恢复经济也是行之有效的。

为此,有必要扫清其发展的障碍,例如长时间劳动。如果夫妻两人都是长时劳动就无法经营家庭。此外,调整便于暂时辞职的女性作为正式职员回归职场的社会环境也是十分有必要的。应届生统一录用、论资排辈的雇佣惯例都剥夺了因结婚生子辞职的女性再次回到职场的机会。

女性进入职场并非仅是为了女性自身,它可以增加家庭收入、增加丈夫的零用钱,从这个层面来看也是为了丈夫。并且,从国家整体上看,也可以拉动内需,成为促进经济发展的动力。

新加坡飞速发展的原因
——通过与优秀的外国人竞争以增强国力

无针对外国人的差别对待

2011年,我去新加坡做有关日本女性的国际婚姻调查时,观看了音乐剧《狮子王》。舞台效果毫不逊色于日本的四季剧团[1]和美国本土上演的剧目,令人赏心悦目。让我非常吃惊的是,参加演出的演员们国籍的多样性。主演级别有来自南非、法国、加拿大、新西兰、英国的演员;儿童角色中的少女来自菲律宾;新加坡国籍的仅有一个承担儿童角色的少年。即便在日本的四季剧团,虽说也有一些来自韩国、中国的演员,但是要让

---

1 第二次世界大战后日本戏剧史上具有非常重要作用的独立剧团。该剧团成立于1953年,目前拥有700多名演职人员,每年演出超过200场。——编者注

能歌善舞的外国人也学习日语并活跃于日本舞台,应该比较困难吧!

观众也并非都是当地人,观光客模样的欧美人十分显眼,对演出的盛况反响热烈。这次虽然我没有安排,但是剧场隔壁的赌场,外国人可以免费进入,里面也挤满了来自世界各地的观光客,热闹极了。散场夜归时,我见到了自泡沫经济崩溃后在日本很少见到的排长队等出租车的光景。

新加坡经济发展状况良好,人均GDP已经赶超日本,可以自豪地说,实质上已经是亚洲生活水平第一的国家。全球化浪潮中,新加坡可以汇聚各国多种多样的人才,这正是这个国家发展迅速的背景因素。可以做到这一点,离不开英语是通用语,在这个国家各个地方都可以使用。此外,我在中国香港观看芭蕾舞剧时听到的广播是分别用英语和粤语进行播报的。在日本观看戏剧演出时就没听到过英语播报的广播提醒。

一位活跃于新加坡当地企业、从事管理工作的日本女性(丈夫是新加坡人)说道:"有很多来自各个国家的人到新加坡工作,会使用英语,生活工作都不会有障碍,而且这里也不会因为你是外国人或是女性而特殊对待。"

有来自全世界的优秀人才汇聚于此,竞争异常激烈,因此并不会因为你是新加坡本国人就会在工作上受到优待。此外,新加坡国立大学和中国的香港大学齐名,都是亚洲一流的大学,且该大学教授的薪酬水平之高也是广为人知的。因此,该大学可以汇聚来自世界各国的顶尖人才,然而,如果做不出相应的业绩也只能被迫辞职。

因为必须和优秀的外国人竞争,所以新加坡人非常热衷于提高自己的专业能力。教育上的竞争也比日本激烈。一位在新加坡有两个孩子的日本女性感叹道:"为了让孩子不在竞争中掉队,父母也不能松懈。日本那种放养式教育真让人羡慕。"新加坡就像从前的英国,孩子们在小学毕业时就必须分流。因此,当孩子到小学高年段时,为了辅导孩子的学习,暂时辞职的母亲有很多,这已经成了社会问题。并且,孩子从学校毕业工作后还会面临与优秀的外国人竞争的局面。

人才国际化进展缓慢

有国际化趋势的并不仅限于音乐剧演员、大学教授、无限期派遣员工这些具有创造性的职业,在一些低工资的简单职业领域,国际化也在悄然推进。新加坡有很多简单劳动领域也引进了外国从业者,这可能也得益于英语是通用语。只要能用英语进行日常会话,就可以进入家庭做女佣,也可以从事清洁打扫等简单的体力劳动。新加坡人如果无法在职场上晋升,就面临和外国人抢夺简单劳动职位的风险,所以他们都非常努力地掌握各种技能。

流入新加坡的廉价劳动力主要来自旧殖民地国家,如菲律宾、马来西亚、印度等。尽管是一个外国人很多的都市型国家,但是新加坡的犯罪率比日本还低,在主要发达国家中是治安最好的。这也许是国家经济发展状况较好,社会保障和统筹都比较到位的缘故吧。

日本也曾在泡沫期的1990年左右倡导国际化,东京曾经也算是一个国际化大都市。然而这20多年间,尽管在进入海外市场这一层面可以看出国际化在推进,但日本国内人才的国际化却似乎没有发生。这和实施了《男女雇佣机会均等法》,但从事管理工作的女性人数基本没有增加如出一辙。

在日本,有统一录用应届生、不接受非应届社招人才的惯例,以及差别对待外籍员工和女性员工的人事制度等。此外,对于外国人来说,他们还须克服语言上的障碍。

对于像我这样已经成为正式职员的日本中年男性来说,没有更轻松的职场环境了,因为竞争范围缩小到仅限于日本男性正式职员之间。在大学也是,会用日语讲课是录用的基本原则,因此,即便是优秀的外国教师也无法和日本人竞争大学教授职位(基本所有的大学对于外国教师都会有特殊的申请标准,不会说日语就无法应聘)。

在全球化发展之前,仅是公司内部男性职员之间展开竞争,就能生产出好的产品,也能提供好的服务。然而,现在已经到了不激发多种多样人才的能力就无法提供世界通用商品的时代。

果不其然,最近出现了将精力放在录用国际人才,将英语设置为公司内部通用语言的企业。当我和学生说到这个话题时,有个男生回答道:"我英语不好,一辈子都不用说英语的工作哪里能找到?应该只有公务员吧。"在此顺便说一下,在新加坡,公务员正是英语不好就无法胜任的职业。

如果存在无需竞争的工作环境,所有人自然都想要到这样的环境里去工作,这样的心情我能理解。但是,我担心如果我们沉浸在这样的环境中,就不仅是新加坡和中国香港了,亚洲其他国家和地区在生活水平上赶超我们的日子不也越来越近了吗?

日本是流行文化的国度?
——日本动漫、偶像的影响力

因为喜欢动漫而留学日本

即使在日本的国际地位相对下降、东日本大地震以及福岛核电站泄漏事故的处理又陷入困境的背景下,来日留学的外国人却还是不少。留学目的多种多样,虽然有为了在日本打工挣钱而将学籍放在日语学校的留学生,但更多的是认真学习希望将来学以致用的年轻人。

特别是走在世界研究前沿的理科大学、大学院的研究室里聚集了来自世界各地的学生,他们用共同的语言英语进行思想的交流和碰撞。像这样的国际化研究室在日本不计其数,总归是件让人欣慰的事。然而,这些外国留学生是为了走向世界才来到日本的。

文科又是什么情况呢?不论是在大学还是大学院,如果不会日语,不要说搞研究了,就连毕业都没指望。因此,专门学习日语,来日本留学的外国人数量之多可以说是非常不可思议的。

在我就职的中央大学社会学系也是如此,来自东亚的留学生很多。因此,我试着问了一下他们来日留学的理由,还故意附加了"如今英语是世界通用语,为何不去美国、英国、澳大利亚等国家留学呢"这个问题。

如果回到自己国家,比起会日语,能够熟练使用英语、汉语会得到更为丰厚的待遇。如果要在日本工作,现在日本的企业对于录用外国人以及相关待遇方面都和本国人有差别。如果具备英语能力,在欧美、新加坡这些地方更容易找到自己的舞台。此外,由于日元升值,在日留学需要花费更多,这样和别的国家相比不是更为不利吗？我也试着询问了这些方面的问题。

很多留学生回答说,在自己国家的时候因为接触并喜欢上了日本文化,所以最后就想学日语,去日本留学。他们所说的日本文化并非《源氏物语》,也非京都的寺庙,而是动画、漫画、电视剧、流行音乐偶像歌手。

有一个来自中国的男留学生说他来中央大学是因为喜欢一部叫作《现视研》的动画片。这部动画(原作是漫画)以中央大学(动画中是椎应大学)为舞台,描绘了在单轨电车及其沿线的多摩动物公园约会的场景。

他来中央大学考试时,甚至完全没有初来乍到的陌生感。中央大学为中国地方城市的一个少年所知,不是因为其研究、教育的成果,而仅仅因为它在一部动画作品中出现,这让我非常吃惊。

偶像的影响力也毫不逊色。一个来自中国南方的女留学生,据说她特地选择日本作为留学地是因为在中学时代迷上了一个日本偶像歌手,为了记忆歌词而学习了日语。虽说她现在已经是大学生,偶像也已经退隐,但她的确是因为日本偶像歌手来日本的。

除此以外,还有觉得日剧比韩剧紧凑而喜欢上日剧的韩国女性,也有痴迷《机械战士高达》的中国男性。除了喜欢动漫、偶像以外,来日本留学的其他理由很少见。

虽说喜欢日本的动漫、偶像歌手,但是他们也并非以此为业。询问他们关于大学毕业后的打算时,有人想做研究员,有人想回国做公务员,答案多种多样。与其说他们是偏执于自己爱好、非常特别的一群人,不如说他们当中的大部分人只是偶然爱上了日本的流行文化而来到日本学习日语,将在日本大学所学的经验、学识学以致用。

在地震灾害、核电站泄漏事故的影响下,留学生数量多少受到了一些影响,但是来日留学生的数量还是有将近10万人。如果没有动漫、偶像歌手对亚洲各国影响力的渗透,会有那么多留学生来日本吗?年轻人的流行文化拯救了日本大学和日本社会,这是不可否认的事实。

无法直接获取金钱利益吗?

"酷日本"(Cool Japan)战略筹划已久,它作为经济复兴战略的一环,是企图输出动漫等日本流行文化的一种尝试。只是普遍观点认为,单凭输出文化商品本身要实现盈利的话是比较困难的。软件很容易复制,虽说这样的行为违法,但是一旦作品在YouTube等视频网站上开始传播,根本无法收取版权费。即便是通过开演唱会或者搞活动收入也是有限的。无论在亚洲有多少粉丝,都不能直接从他们身上赚到大钱。

但是,随之而来的还有一个巨大的连带效应。不仅是留学生来日,如果输出的这些文化产品能够让更多的人对日本文化产生亲近感,使得"日本"这一国家品牌深入人心的话,日本生产的其他产品也就能畅销起来。另外,对于日本企业进入这些国家、地区也大有裨益。可以说,日本的流行文化承担了输出日本软实力与外交的一部分任务。

我在新加坡、中国香港等地调查国际婚姻时,听过一名在当地日语学校任教的日本女性自身的经历。因为被日本流行文化吸引而学习日语的学生很多,其结果就是,在当地日企里工作的人也变多了。也就是说,他们并非是想在日企工作而学习日语的,是因为喜欢日本文化而学习日语,又想着好不容易学了日语,所以选择到日企工作。这是当地人学习日语、进入日企工作的逻辑。可以说日本流行文化是日企人才供应链的基石。

去海外赴任的日本人多少应该学习一点有关日本动漫、偶像歌手的知识会比较好,因为在对日本抱有亲切感的年轻人眼中,日本文化就等同于年轻人的流行文化。

对始终"迎合数字"的政治有异议

——牺牲年轻人再建财政有何意义？

30多岁的未婚男性超一成为无业人员

有学生将有关老年人才中心的调查结果撰写成了一篇毕业论文。根据调查，来老年人才中心的人虽接受工作调整，但是如今这个时代，工作并没有多到会从天而降的地步。因此，据说大多都是拜托当地政府设置一些诸如整理街道上乱放的自行车、打扫卫生等工作给他们。也就是说，政府专门为老年人创造就业机会。全国老年人才中心协会就是接受公务单位指导的公益财团法人，就是为了让老年人有工作可做而投入纳税人缴纳的税金。虽然这样的工作收入不高，但是他们大多数都是自己拥有住房也在领取年金的老人，他们一边发挥余热，一边赚点零用钱，还可以和工作伙伴一边聊天一边悠闲地工作。

写这篇毕业论文的学生感叹道："为什么政府对老年人亲切异常，却对年轻人无比冷漠啊？"对于失业者、蛰居的年轻人，政府派人给予关心、商讨对策，甚至创造相应的职位给予就业方面的引导——这样的事情在日本基本没听说过。在欧美，很多国家的政府都率先针对年轻人展开比较细致的就业支援,但在日本仅是由非营利性组织在零碎地推进相关事务。

对年轻人严苛、对老年人温厚的政策偏向,即便是政权更迭到民主党手中也未发生改变。费尽周折才确立的育儿补贴却遭到削减,对于老年人基础年金的税金投入却继续无条件地保持。因为高收入而无法获取育儿补贴的家庭缴纳的那部分税金,被政府持续地分发给年金受领者,即便是高收入者也无一例外都可以领到。

从数据分析来看,近年来老年人的贫困率得到了很大的改善,但是育儿一代的贫困率却呈上升趋势(根据国立社会保障与人口问题研究所阿部彩部长的分析)。这方面受政策的影响也很大。因为年金充实以及享有就业支援,老年人的生活水平得到了明显改善,但年轻人的雇佣状况却在持续恶化。例如,政府决定继续实施减轻后期高龄者医疗费自费部分的措施,却对因为无法负担健康保险费用而不能就医的年轻人漠不关心。

此次,冈田克也副首相表示,要进一步控制国家公务员的录用规模(2010年时,现已恢复到原有规模)。2009年的新录用人数约为8500人,次年预计在此基础上再削减四成。一方面,随着厚生年金支付年龄的提高,国家正式宣布企业正式职员的雇佣年龄延长到65岁。换句话说,国家一方面要保障老年人的收入来源；另一方面，对于即将踏入社会的年轻人来说，他们的职位数量实际上即将被削减。也就是说，现在即将实施的政策将不断扩大代际间的贫富差距，并加速年轻人的贫困化。

我们来看一下国立社会保障与人口问题研究所在2010年开展的单身人士雇佣状况调查数据（图5-1）。近十年间，未婚年轻人的雇佣状况一直在恶化，特别是30—39岁未婚男性的雇佣状况恶化较为明显。1997年，30—34岁的无业未婚男性占比为3.2%，2010年则上升到11.2%（35—39岁年龄段的数据相同）。

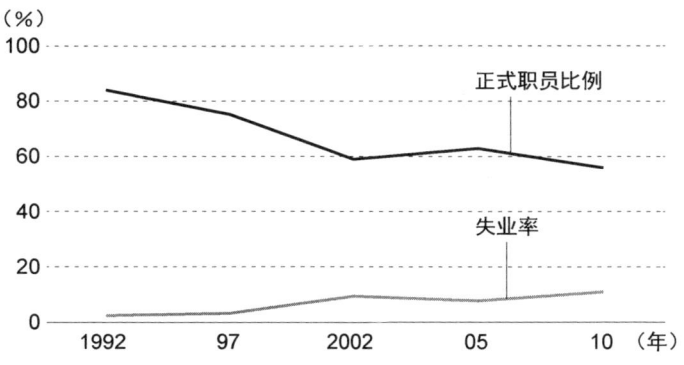

图5-1　30—34岁未婚男性的正式职员比例和失业率

出处：国立社会保障与人口问题研究所第14次出生动向基本调查。

不要惊讶,在 30—39 岁未婚男性中,每 9 人就有 1 人是无业人员;即使有工作,不得不从事非正式雇佣工作的人也在与日俱增。这个调查数据也显示,未婚的正式职员人数占比在整个年龄段都呈日渐下降趋势。根据其他劳动力调查显示,从学历层面来看,高中毕业生的非正式雇佣率同样呈明显恶化趋势。单看 20—24 岁这个年龄层,1992 年高中毕业的男性中约有八成做了正式职员,而到了 2007 年就跌至六成,女性就更低了,仅有四成。

那些无业、无固定收入的非正式雇佣的年轻人之所以没有陷入贫困,主要是因为他们中的大部分人都和中老年父母一同居住,接受父母资助。然而这样的状况究竟能维持多久呢?此外,工作不稳定的人因为很难结婚组建家庭,所以不婚化、少子化现象同样越来越多。

技能无法得到磨炼的年轻人

限制正式公务员的新录用人数会引发什么问题呢?政府的工作量并未减少,因此结果是把工作交给临时工来做。而限制新录用公务员人数的地方政府,现实中也确实发生了这样的状况。

地方中老年正式公务员在悠闲地上班时,临时雇佣的年轻人即使领着低薪也要拼命地完成工作,这种现实差距在很多地方都能看到。虽说是国家公务员,但并不仅由中央政府录用。地方企业的职位原本就少,地方公务员新录用人数如果减少的话,对于年轻人来说,本来就不好的雇佣状况会更进一步恶化。因为地方企业已经在实施削减新人录用计划和非正式录用年轻人。打个比方,就像民营企业在不景气的时候会裁员,公共部门也会采用同样的对策。那么,当地有就业意愿的年轻人应该去往何处呢?

即便是这样的状况下,一部分优秀的年轻人还是可以挤进就业这扇窄门,成为正式的公务员或者企业的正式职员。的确,近年来大学毕业年轻人的正式职员比例多少有所改善。然而,短期大学、高中毕业生的正式雇佣率的降低趋势却一直无法停止。毕业后,无法作为正式职员、正式公务员在企业、政府锻炼,使自己发挥潜能的年轻人有很多。处于失业状态或者不能持续磨炼技能的非正式职位的年轻人如果继续增多的话,对整个社会来说也是一大损失。

将年轻人聘为正式职员、公务员是对日本未来的投资。为了一时的利益,草率地对待这项投资真的好吗?

近期的执政党,无论是对消费税还是公务员削减政策,看起来都过于拘泥于"迎合数字"。即便财政得以重建,但如果是基于牺牲年轻人利益的行为,我不得不说日本的将来一定是一片黑暗。

经济学和家庭社会学的跨学科研究

在论及日本家庭乃至日本社会的将来时,经济学和家庭社会学的跨学科研究就显得十分必要。为什么呢?因为现在日本家庭形态和经济体系在相互关联的同时还一起经历着巨变。

本来在经济学领域,"家庭"一词是不会出现的,只会出现"家庭收支",即作为"消费的单位"出现,但不会以"家庭消费"的形式出现。即便会详细分析家庭收入和支出的金额,但是关于家庭内部钱是如何分配、如何使用的这些问题,人们并不关心。此外,"劳动者"一词即便出现在经济学领域中,关于劳动者背后的家庭运作方式,经济学家们也很少关心。

我在写《单身寄生时代》这本书的时候,经济学上通常把没有配偶的单身人士算作独居者。确实,原则上,欧美成年的单身者都是独自生活。例如,在以婚姻经济学闻名的美国经济学家贝克的模型中,考虑结婚带来的经济上的利益得失时,单身者会被视为独居者来看待。就此我曾提出,日本单身者中的大多数都是和父母共同居住的,因此有必要思考有别于欧美国家的"经济损益模型",此观点受到了经济学者们的广泛关注。

的确,经济学经常对单一家庭的经济状况进行较为细致的调查分析。例如,经济学家根据全国消费状况调查统计,认为在2009年的年轻人群体中,单身女性的收入超过了单身男性。乍看之下,这个结果很容易让人产生年轻女性收入高于年轻男性的错觉,但事实并非如此。在日本,大多数已经成年的单身者(约75%)是和父母共同居住的,如果不专门针对与父母同住的单身者经济状况做调查的话,是无法准确把握单身者的经济状况的。特别是大多数低收入女性都是和父母共同居住的。此外,年轻男性收入越高,已婚的概率就越高,也就是说,女性如果收入不高就无法独立,收入高的男性都已经结婚了,因此也可以解释为:因为这样的动向较强,说单身女性的收入与单身男性相比较高也说得过去。

这种现象受到了婚前理应与父母同住的日本文化和成年理应离开父母自立的欧美文化的共同影响。但是,由于文化因素导致的家庭形态差异,经济学家在此方面并不擅长。

另一方面,我的专业领域家庭社会学很少涉及经济。尤其是"没钱的男性很难结婚"这样的论述,在家庭社会学中反响不佳。如果说经济学的核心概念是"损益",那么社会学分析的核心就是"规范""意识""情感"(顺带说一下,心理学中应该是"性格")。在谈论结婚议题时,会用"想不想结婚""对于男主外女主内是赞成还是反对"等意识和规范来阐释结婚。

因此,关于金钱与家庭组织形态有相当大的关系这一点,家庭社会学并不怎么关注。因为家庭是一个共同体,不应该通过计算损益来采取行动。如果喜欢对方,不论什么经济状况都会结婚——这是家庭社会学讨论的前提。而扩大研究范围,进而讨论家庭的存在形式到底对经济产生多大的影响——类似这种议题不会出现在家庭社会学的研究范畴中。

于是,当分析日本独身者增加、不婚化加剧现象时,经济学领域会以"女性婚后辞职在经济上要蒙受损失,因此不结婚"这样基于个人的损益计算来构筑议题,社会学则会按照"不想结婚的意识加强了""因为拒绝接受传统性别分工的女性人数增加了"这样的规范或者意识来构筑议题。当然,两种理论的存在都是合理的,然而,仅考虑损益抑或规范意识都是有所偏颇的,要意识到不婚化现象是在这两者间以非常复杂的方式相互渗透、相互影响的状况下不断恶化的;已婚女性的就业状况讨论同样如此。在经济学领域,主要从个人就业后的损益来考察问题,在社会学领域则比较重视"有孩子的女性是否应该工作"这一规范意识。在现实中,损益和规范意识,两者是一个复杂的综合体,常常相互交错产生联系。从已婚女性的角度可以看到以下状况：如果丈夫收入少就去工作，收入多就做全职主妇。这一事实既不是依据损益做出的判断，也不是遵照社会规范意识中的"应该工作"的理念而做的选择，她们出去工作仅是为了偿还房贷、添补孩子教育费，即基于"为了家人受益而工作"这样朴素的意识。

从微观视角考察家庭成员的行为、劳动、消费时，有必要将经济学和社会学结合起来进行研究。

接下来考虑宏观的问题。如果不考虑经济体系和家庭体系之间的相互影响，就很难分析日本社会的现状。从经济层面来看，家庭是消费需求的一大支柱，也是提供劳动力的单位。从家庭角度看经济，则有通过劳动获取报酬维持家庭生计和花钱消费两个层面。实际上，经济体系、家庭体系都是由这四个方面相互关联而形成的。

当然，因为是相互影响，所以现实中必须按照解联立方程式的原则来做决定。如果仅单方面考虑经济对家庭形态的影响的话，例如经济高速增长期几乎所有的男性雇员收入都是稳定且不断增加的，我们可以从中看到这一现实促进了全职主妇化进程（家庭形态）。近年来，年轻男性的收入减少，工作不稳定，因此女性无法成为全职主妇，从而也加剧了不婚化现象（家庭形态）。

我们也不得不考虑家庭形态对经济层面的影响。到团块世代为止都是平均每家四个孩子（家庭形态），他们婚后组建小家庭，提升了经济高速增长期的消费需求（经济层面）。住宅、家电、汽车等方面的需求增加，他们的子女上大学的需求随之增加，这也成为大学遍地开花的一个契机。

与之相反，现在结婚的人数变少，孩子的数量减少。于是，将来不仅是劳动力减少，个人消费需求也将减少。进一步说，在日本，没结婚都是和父母同住的，即便是成年后，独立生活组建自己家庭的人也少。因此，家庭（世代）数量，特别是消费旺盛的年轻人减少，一直增加的只有已过消费高峰期的老年人，其结果就是日本陷入了消费需求无法扩大，经济不景气的泥沼。

此外，日本人结婚之后都是由女性（妻子）掌管财务，与其他国家相比，丈夫的零用钱较少，近年来更是大幅减少。根据新生银行的调查显示，丈夫们的零用钱数额已经下降到了泡沫经济时代的一半。在日本，对于丈夫收入不增加这一现实状况，是通过减少丈夫的零用钱这种方式来对抗的。其结果便更加剧了个人消费的低迷。不仅如此，从宏观角度来看，家庭的存在方式和经济状况也是相互影响的。

即便如此，在战后经济高速增长期，一直到1990年左右，这个阶段即便没有经济学和家庭社会学的共同协作也无大碍。那是一个家庭安定、绝大多数人都在20多岁时结婚且不离婚、多数女性都是全职主妇的时代。从经济学角度来看，这时候所有的家庭都可简化为同样的小家庭来看待。而且当时的经济稳步增长，只要是男性，谁都可以成为正式职员，收入也会稳步增长。因此，可以说这个时候家庭社会学可以无须考虑家庭的经济基础。

随着时代发展，泡沫经济结束后日本社会扎进了格差时代。这个时代的特点就是人与人之间不仅存在经济上的差异，而且存在家庭形态的差异。特别是20世纪90年代以后，女性开始进入社会与职场，夫妻都工作的职场环境也逐渐完备起来。因此，夫妻双职工，一边育儿一边享受丰裕生活的家庭不断涌现。同时，非正式雇佣人数也在增加。男性非正式雇佣者因为收入少所以很难被视作结婚对象，于是不婚化现象出现，孩子也变少了。

这种现象的背景是经济状况发生很大的翻转——日本曾有过被称作"失去的20年"这样的经济停滞时代。其结果就是社会分化为可以组建家庭和无法组建家庭的群体。如果用宏观经济学的观点来看，经济停滞会在家庭领域导致少子老龄化现象，随之导致消费需求减少，从而加速经济衰退，最终形成恶性循环。这正是自泡沫经济崩溃至今日本社会的状态。

如上所述,经济层面和家庭层面都发生了巨大结构转型的现状,以经济高速增长期为前提的经济模式、家庭形态都已无法很好地解释。现在讲究跨学科研究,经济学和家庭社会学的协同研究就显得很重要。

话虽如此,现在已不是马克斯·韦伯抑或高田保马的时代了,经济、社会状况都更加复杂,一人通晓经济学和家庭社会学两个学科已经不可能。因此,两个学科的协作就变得十分必要。

我将这样的问题意识与高中时代的同级生、经济学者(也是久留米大学教授)塚崎公义沟通后,他也同意我的看法,我们尝试着共同将战后日本社会的过去、现在,用经济学和家庭社会学的观点一一进行了审视解读,以期凝望日本社会的将来。共同研究的成果就是发表了《家庭衰退导致的未来——我们能寻回"将来的安心"和"经济成长"吗?》一书。作为跨学科的协同研究成果之一,如果诸君能拨冗阅读,我将不胜感激。

终 章

在"意外"频发的时代，
国家必须做什么

日本这个国家,上至政府下至平民,真的都非常讨厌风险。正因如此,反而引起了很多混乱。看了政府对核电站泄漏事故的后续应对处置,想必就会有如此想法。

我们暂且将风险定义为将来有可能发生的危险事态。因为大多数日本人都讨厌风险,所以都不愿意承认风险本身的存在,即使看见了也假装没看见,选择"相信"不会发生风险。因而一旦发生风险就立刻陷入恐慌。一旦到了不得不正视风险的时候,又开始全力找寻今后如何避免此类风险再发生的对策,对其他的事情则采取完全无视的态度。

举个例子,我们来对比看一下日美两国关于离婚的态度吧。在美国,结婚之际,如果是资产丰厚的人士,大多都会订立婚前协议,就离婚时如何分割财产进行商定。美国的离婚率约为二分之一多一点,即便结婚时谁都希望美满姻缘相伴一生,但为了避免诸如离婚之类的不测之事发生时双方陷入争端,基本都会未雨绸缪。

然而,日本人会这样做吗?如果有一方提出,一定会被责问:"你是想将来离婚吗?"很多夫妻会认为"至少我们不会离婚吧,这种事不会发生在我们身上",甚至就连离婚的可能性都给予否定。但现实中,日本的离婚率也超过了35%,三对夫妻中就有至少一对会在十年内离婚。并且,由于婚前没有商定,离婚时为了财产纠缠不休这样的例子越来越常见。

这次东京电力的核泄漏事故也是一样的逻辑。即便海啸是"意外",但此前应该设想过存在某种无法预测的原因会导致电力全断的情况。但是,如果承认这种可能性,就会被进一步要求提出相应对策,因此只有坚称不存在风险。既然说了不存在风险,那么也就无须事先考虑现实中电力断供时的对策。所以当现实中真的发生了事故,不论是东京电力还是政府都只能在不知该如何处置的状况(恐慌状态)下开始着手处理。

从社会学角度来看,应对风险状况有两种处置方法:一是防患于未然,二是事前制定风险发生时的应对之策。不论日本人还是日本社会都只擅长第一种防患于未然之策,对于第二种却完全不擅长。

我想起了学生时代,小室直树老师曾经举了第二次世界大战的例子指出日本存在的很多问题。英国、美国因对战争的结果无法预测,所以事前不仅就胜利时的利益分配提前做了约定,而且对战败也制定了相应对策,在此前提下才进行联合作战。美军甚至提前设想了如果遭遇英军背叛的应对之策,对于这个绝对不可能发生的情况都提前做了预案,对此我十分吃惊。

但是，日军据说严令禁止设想除了取得胜利之外的事情。如果哪个参谋说出如果失败了怎么办之类的话，就会被斥责为"认为有失败的可能性"，最终演变为"如果想着会失败就真会失败"的莫名其妙的理论横行。因此，如果作战成功，整体状态便良好，一旦有一次失败，就马上陷入恐慌，陷入整体崩溃，最后一败涂地，难道不是这样吗？

这次的核泄漏事故也是如此。预防事故发生的对策事前应该是有的，从这一点来看，社会对其建立了世界第一的事故风险防范系统的评价也是正确的。唯一不足的是，事故发生时如何应对的应急办法，这个事前并没有准备充分。仅在风险的防范对策上花心思，对于事故发生时如何处置应对的办法，无论是电力公司还是政府都未提前思考，这次事故就是惨痛的教训。事后处置方面也是如此，只设想成功了会如何，绝对不假设进展不顺利的时候会如何，应该怎样应对。

这一思维不仅限于核电站。大学毕业生的就业形势依然严峻，政府和大学都仅对提高就业率倾注心力，实际上对于如果最终还是无法就业的话会是什么情况却没有什么设想，接下来该如何继续给予支援的相关公共对策也非常贫乏。这种情况就导致了政府对于毕业后未能就业的人原则上采取搁置不管的政策。

高度复杂化的社会也是一个非常容易发生意外的社会,这一点不仅限于科学技术领域。金融、企业经营自是不用说,对于个人来说,就业等工作状况,结婚、离婚等家庭方面,意料之外的事情发生的概率都变大了。

在这样一个时代,不允许风险存在,企图从源头上将发生风险的概率降为零,是不可能的。然而,日本社会直到现在仍然在孜孜不倦地追求着这个不切实际的目标,于是出现责令滨冈核电站停运,希望能够消除所有的风险源头这种事情。在此,真正需要做的事情是事先说明一旦灾害发生,电源被切断的时候如何应对处置,只有这样才能让国民真正放心。

我的孩子小升初时,小学班主任在面谈中问我:"为了顺利通过考试你们已经做好完全的准备了吗?但万一全部学校都没考上,孩子会有什么反应?后续该如何应对?请你们家长要有心理准备,事先也要有相应的应对之策。"我仍然记得当时对于孩子能拥有这样一位出色的班主任而感激不已的心情。

我不禁想,这个国家需要的是这样的领导人:不惧怕将来可能发生的风险,一旦风险发生了,能够清晰地告知民众处置对策。

参考文献

序章

第一章
- 生活レベルが親より低下する　～下降移動社会の到来（『週刊東洋経済』2010 年 4 月 3 日号）
- 就活以外の選択肢がない学生たち　～大学の高校化が進んでいる（『週刊東洋経済』2010 年 1 月 9 日号）
- 「三振」した人の引きこもり問題　～司法試験不合格者をどう処遇するか（『週刊東洋経済』2010 年 5 月 15 日号）
- 就活、婚活、新司法試験　～若者に重くのしかかる「リスク」の現実（『週刊東洋経済』2010 年 10 月 2 日号）
- 学生から見た就職の本音　～「居心地のよさ」を学生が求める理由（『週刊東洋経済』2010 年 2 月 12 日号）
- 結婚を阻害する要因が山積　～結婚願望が高まっても未婚化が止まらない不幸（『週刊東洋経済』2011 年 7 月 9 日号）
- なぜ若者は恋人をつくらないのか（原題＝若者の男女交際）　～消極化する男女交際のテコ入れが必要（『週刊東洋経済』2012

年2月18日号)
- 投機化する教育―学歴を費用対効果で格付けする(原題=学歴を費用対効果で格付けする　〜投機化する教育)(『中央公論』2010年5月号)

第二章
- 家族の変容を読み解く(『現代用語の基礎知識2012』)
- 承認の市場　〜感情体験産業の可能性(『アディクションと家族』2012年3月号)
- 家族をやめるという選択肢の広がり　〜近代家族イデオロギーの崩壊(『月刊福祉』2011年2月号)
- 「家族形成格差」の時代(nippon.com　2012年7月3日付)

第三章
- 時代に合わない年金制度　〜年金マイレージ制の導入を(『エコノミスト』)2009年11月号)
- 二極化する子どもたちが老後格差を拡大する(『中央公論』2008年8月号)

第四章
- 海外に行かなくなった若年男性　〜草食化する若者は明日の日本を担えるか(『週刊東洋経済』2009年11月21日号)
- 海外に出て気づく日本の停滞　〜存在感が低下し反面教師化する日本(『週刊東洋経済』2010年11月3日号)

- おカネを使わない日本の男性　～小遣い制が消費停滞の一因か（『週刊東洋経済』2010 年 7 月 3 日号）
- 結婚難の日本人男性　～国際結婚から見える経済的地位の低下（『週刊東洋経済』2012 年 6 月 30 日号）
- 日本経済停滞の本当の理由　～女性が活躍しない国は財政赤字が拡大する（『週刊東洋経済』2011 年 10 月 4 日号）
- 成熟社会の行く末　～「虚構」にあこがれ内にこもる日本（『週刊東洋経済』2011 年 1 月 1 日号）
- ポスト・フォーディズム時代の働き方と家族（原題＝ワーキングプアとセーフティネット）（『神奈川大学評論』2009 年第 64 号）

第五章
- 国会は役割を果たせ　～あらためて出張する　子ども手当は有効だ（『週刊東洋経済』2011 年 3 月 26 日号）
- 高齢者にやさしく、現役世代に冷たい政治（原題＝働かない人に優しい政治）　～子育て世代さらに冷遇　少子化は負の連鎖へ（『週刊東洋経済』2011 年 8 月 27 日号）
- 少子化対策にも有効　～夫婦別姓制度の成立を願う（『週刊東洋経済』2010 年 2 月 20 日号）
- 女性が働けば景気がよくなる　～内需拡大には夫婦共働きが有効（『週刊東洋経済』2012 年 5 月 19 日号）
- シンガポール躍進の理由　～優秀な外国人との競争が国力を高める（『週刊東洋経済』2011 年 11 月 19 日号）
- 日本はポップカルチャーの国？　～日本アニメ、アイドルの影

響力（『週刊東洋経済』2012年1月7日号）
- 「数字合わせ」に終始する政治に異議（原題＝若者に厳しい民主党政権）　〜若者を犠牲にした財政再建の意味とは？（『週刊東洋経済』2012年3月31日号）
- 経済学と家族社会学のコラボレーションを目指して（『学際 NO.24』）

終章
- 「想定外」が起こりやすい時代にこの国に必要なもの（原題＝「想定外」が起こりやすい時代　〜リスクが苦手な日本　この国に必要なものは）（『週刊東洋経済』2011年5月25日号）

后　记

本书主要是以2009—2012年连载在《东洋经济周刊》上的评论为主体，并加入了同时期写的几篇评论后整理成册的。这个时期，刚好和政权交替后、以民主党为中心的政权时期重合。理应将解决格差扩大、经济停滞、少子老龄化、社会不稳定等问题视为政治使命的政权，却在未能解决以上问题的情况下就开始了新一轮的更迭，最终回到了自公政权[1]时代。

果然，在这种状况下，即使是民主党执政，但是处于最弱势地位的年轻人仍然无法摆脱与切身利益相关的政策一再被政府不断搁置的糟糕感受。并且，自安倍晋三政权成立已经快一年了。股价上涨等宏观经济政策即便看似成功了，但年轻人的实际生活状况并未朝着好的方向行进。政权交替虽历经了两

1　自民党与公明党联盟执政。执政时间为1999年10月5日至2009年9月16日，2012年12月26日至今。——译者注

次,政府、社会对年轻人似乎依然是冷漠的。长此以往,日本社会真的没问题吗?我不禁陷入悲观的情绪中。

我在出版《单身寄生时代》一书后,大多数时候我都被批判为"痛批年轻人论"学者。但是,一直以来我都在强调,创造出这样一代年轻人的正是日本的社会制度本身。正因为社会对年轻人非常冷酷无情,他们才不得不依赖自己的父母。

本书得以出版,承蒙各方关照。继《为何年轻人变得日益保守》一书后,再次承蒙东洋经济新报社的冈田光司先生关照。希望借此机会对给予我关心和帮助的各位和冈田先生表示最诚挚的谢意。

2013年11月5日

山田昌弘